新装版

一生リバウンドしない
パレオダイエットの教科書

〝パレオな男〟
鈴木 祐

いま必要なのは、一生モノの健康法

私は、今でこそダイエットアドバイザーをしていますが、約10年前はデブの虚弱体質でした。

身長は165㎝で体重は68kg。ラーメンと酒のせいで体脂肪率は35％を超え、総コレステロール値は250オーバー。顔のまわりについた脂肪とアレルギー体質のせいでつねに呼吸が苦しく、月に一度は肺炎を起こして病院に駆け込んでいました。完全な虚弱体質です。

どうにかしようと糖質制限ダイエットを試したり、十数万円を払って有名トレーナーのプログラムを受けたこともありましたが、どうにも成果が出ません。どの方法も、始めてから3カ月は効果があるのですが、いったんダイエットを止めたらすぐに元の体型に逆もどり。どころか、極端なカロリー制限とエクササイズのせいで免疫力が低下し、さらに風邪をひきやすくなってしまいました。今思えば、ムダな金を使ったものです。

そこで、ようやく気がつきました。本当に必要なのは、死ぬまで使える一生モノの健康法だということを。

いつ仕事を失うかもしれず、福祉システムもあてにならない今日では、自分の肉体こそが最高の資産。数カ月で元の状態にもどってしまうのではなく、死ぬまで健康的な頭脳と肉体をキープできなければ意味がありません。

それも、できるだけ精神的な負担が少なく、日々の暮らしへ自然に取り込めて、しっかりした科学的な知識にもとづいていれば最高でしょう。

というわけで、いろいろな健康法を試しまくった結果、私は最終的に理想のテクニックにたどり着きます。それが、「パレオダイエット」です。

その方法を、一緒に見ていきましょう！

目次

Explanation

「食う・寝る・動く」だけで痩せていく。
野生の体力を取り戻すパレオ（狩猟民族）ダイエット

パレオダイエットは科学の世界でもお墨つき

パレオダイエットは、ここのところ、アメリカやヨーロッパでもっとも人気の高い健康法です。「パレオ」は水着をカバーするスカートのことではなく、「旧石器時代」を意味する「パレオリシック」の略。直訳すると「旧石器時代の食事法」になります。

海外では専門のレストランや雑誌が作られるほどのブームを呼んでおり、マシュー・マコノヒーやアンジェリーナ・ジョリーのようなハリウッドスター、コービー・ブライアントなどのプロスポーツ選手が実践。今も愛好者は増え続けています。具体的には、以下のようなメリットが得られます。

- 毎日、お腹がいっぱいになるまで好きなだけ食べてもOK
- 腹筋がうっすら割れた細マッチョ体型を、死ぬまでキープする
- エクササイズは週に30分しかしない
- がんや糖尿病、慢性疲労とは無縁の体を手に入れる

・少しのことではヘコたれない強いメンタルを保つ

要するに、好きなだけ食べても細マッチョな体型がキープできるうえに、慢性疾患のリスクも激減、ついでにメンタルまで強化されるわけです。美と健康にうるさいセレブからの支持が厚いのも、当然の話でしょう。

パレオダイエットの科学的な検証が始まったのは、今からおよそ20年前のこと。メルボルン大学が太りぎみの50代男性を集め、オーストラリアの先住民であるアボリジニの伝統的な食生活にチャレンジしてもらったのです（1）。

その結果は、目覚ましいものでした。参加者は7週間で平均8kgのダイエットに成功。中性脂肪やコレステロールの数字も大幅に改善し、なかには糖尿病がほぼ完治した人までいたというから驚きです。

また、2015年には逆パターンの実験も行われています。ピッツバーグ大学の研究チームが、南アフリカで昔ながらのライフスタイルを送る20名の男女を集め、アメリカ人の平均的な食事をしてもらったのです。（2）

すると、2週間後に大きな変化が起きました。どの参加者も実験前は至って健康だったのに、ピザやバーガーを食べ始めてからは急激に全身の老化が進行。血液検査を行ったところ、大腸がんの発症リスクも激増していました。どうやら、先進国の食事は、想像以上にダメージが大きいようです。

ほかにも似たような研究は多いですが、なかでも科学的な信頼性が高いのは、コクラン共同計画が2015年に行ったメタ分析でしょう（3）。

これは、ここ10数年の間に行われたパレオダイエットの実験から、質の高いデータだけを選び、159人分のデータをまとめあげた論文です。その結果は、ズバリ「パレオダイエットは国際的なメタボ予防ガイドラインより効果がある」というものでした。「国際的なメタボ予防ガイドライン」とは、全粒粉のシリアルを食べ、低脂肪の乳製品を摂り、脂肪を減らすという伝統的な健康法のこと。この方法と比べて、パレオダイエットはウエストサイズと高血圧、中性脂肪を減らす効果が高かったわけです。

狩猟採集民にはデブもがんもうつ病もない

実際、私もパレオダイエットを始めてから体重が13kg減り、逆に筋肉の量は9キロ

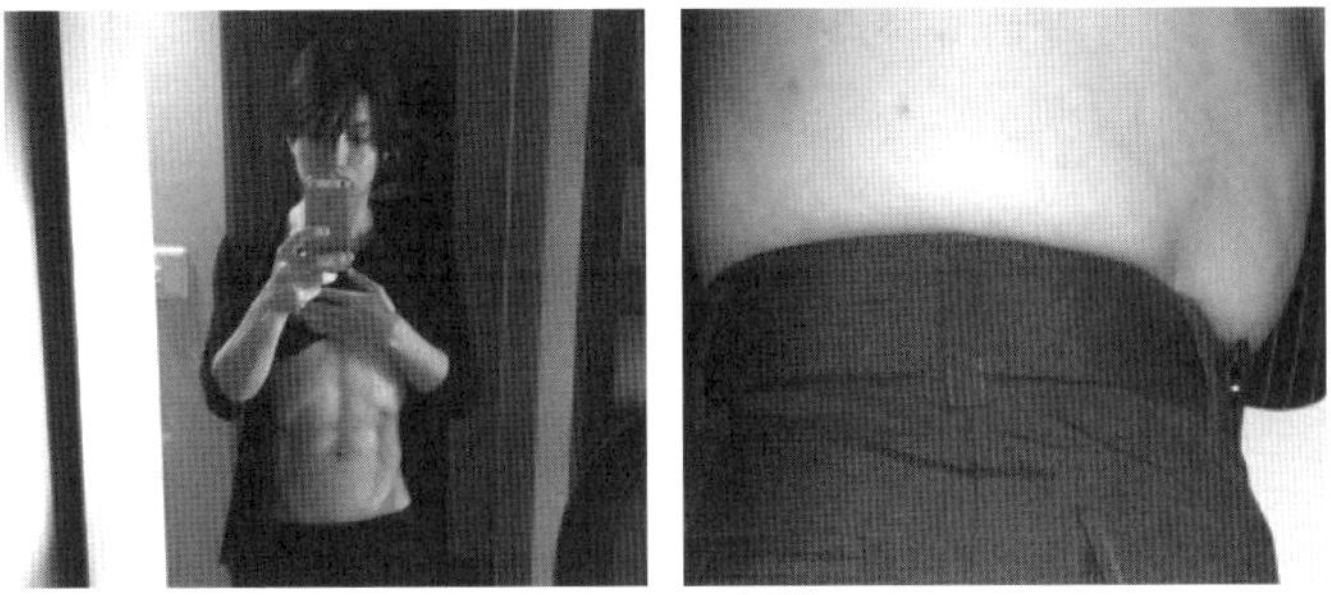

筆者の現在の腹（左）と、不健康だった頃の筆者の腹（右）。

アップ。さらに、驚いたことに生来の不安症やアレルギー体質までが大幅に改善しました。正直、自分でも想像以上の成果です。

では、原始人のライフスタイルを取り入れると、なぜそこまでのメリットが得られるのでしょう？

パレオダイエットとは、ズバリ「原始人のライフスタイルに学ぶ」こと。旧石器時代の暮らしから、いいところを取り入れていくのがポイントです。

人類が誕生した旧石器時代は、およそ260万年前に始まり、1万年前に終わりを迎えました。つまり、人類は約10万世代にわたって木の実や根菜を集め、野生の動物や魚を狩りながら暮らしてきたわけです。いわゆる狩猟採集生活ですね。

それに対し、農耕や牧畜が始まったのは1万年前のことで、現在のように加工食品やファストフードが広まったのは、わずか100年前にすぎません。つまり人間のココロと体は、おもに旧石器時代の環境でうまく働くように進化したと考えられるのです（4）。

ならば、原始人のライフスタイルを参考にしたら、人間の体が持つ真のポテンシャルを引き出せるんじゃなかろうか？　この考え方が、「パレオダイエット」のベースになっています。言い換えれば、現代の生活で失われた「野生の体」を取りもどすのが、パレオダイエットの最終的な目標なのです。

といっても、約260万年も前の人類の暮らしは、まだそこまで正確にはわかっていません。そこでパレオダイエットでは、おもに「狩猟採集民」のライフスタイルを参考にします。

狩猟採集民は、文字どおり動物を狩ったり、木の実を集めて暮らす民族のこと。現在でも、アフリカや南太平洋の島、熱帯の密林や大陸の縁辺部などに、小さな集団がいくつか存在しています。

狩猟採集民に関する研究が進んだのは、1990年代。欧米の人類学者たちが、タンザニアのハッツァ族やパプアニューギニアのキタバ族といった狩猟採集民のもとへ出向き、彼らのライフスタイルをくわしく調査したのです。その結果は、実に興味深いものでした。

・狩猟採集民にはデブがおらず、たいてい自然に腹筋が割れている
・がんや糖尿病、心疾患、痛風などの現代病はほとんどない
・コレステロールや中性脂肪、血圧などの数値もパーフェクト
・日中の疲れはその日眠れば回復する
・ニキビや乾燥肌、脂肌などの肌トラブルもない
・虫歯や歯周病といった口まわりの悩みもゼロ
・鬱病や不安症といったメンタルの問題もない

当然ながら、狩猟採集民はカロリー制限などしませんし、週に3日ジムに通うわけでもなく、保湿クリームも日焼け止めも使いませんし、歯ブラシだってありません。それにもかかわらず、彼らは先進国の人々よりも見た目がよく、健やかなメンタルを保ちながら幸福に暮らしているようです。うらやましい話ですねぇ。

もちろん、本書は、先進国の生活を否定したいわけではありません。

たとえば、狩猟採集民の暮らしは衛生設備が貧しいため、マラリアなどの感染症に

かかる可能性が大。かといってワクチンなども気軽に使えないため、いったんウイルスにやられるとなすすべがありません。その点では、間違いなく先進国のほうが上です。とはいえ、狩猟採集民たちが、無理せずに健康的なライフスタイルを送っているのも事実。いいところは積極的に取り入れていくべきでしょう。それでは、いまの日本に住む私たちは、野生のライフスタイルから何を学べるのでしょうか?

パレオダイエットの基本は「食う・寝る・動く」の改善

パレオダイエットの基本は、「食う・寝る・動く」の3つに集約されます。食事と睡眠と運動は、人体のシステムが正しく作動するための三大要素。そのすべてを、できるだけ野生のライフスタイルに近づけていくわけです。

狩猟採集民の暮らしのポイントは、おおまかに言えば以下のようなものです。

【食う】

・できるだけ自然に近い肉や野菜、フルーツを食べる

・人工的に加工された食品はほとんど食べない
・朝食はめったに食べず、空腹時間が長い

【寝る】
・朝は決まった時間に起きる
・夜は人工の明かりがない徹底的に暗い環境で眠る
・風の音や川の流れなどの自然音に囲まれて眠る

【動く】
・意識してエクササイズはしない
・大きな獲物を運ぶために、定期的に筋肉を使う
・木の実などを探して、とにかく一日中よく歩く

自然のものをたっぷり食べ、必要なだけ体を動かし、自然のなかで眠る、いかにも健康そうなライフスタイルです。こんな暮らしができれば、確かにデブや現代病とは

無縁でいられるでしょう。

しかし、日本に住む私たちが、狩猟採集民と同じ生活を送るのはどだい無理な話。裸で暮らしたり、テレビやスマホを捨てたり、自分で食料を集めたりする必要はありません。あくまで、できる範囲で「食う・寝る・動く」を変えていけばＯＫ。いまのライフスタイルにちょっと「野生」を取り入れるだけでも、人間の体と心は劇的に変わっていきます。

先に紹介した、コクラン共同計画の研究者は言います。

「パレオダイエットは一般的なダイエット法よりも良いガイドラインで、メタボに悩む人にもメリットがある。パレオダイエットを実践すれば、多くの人々の不調は良くなるだろうし、完治の可能性もある。（中略）今回のメタ分析では、パレオダイエットによりメタボが短期的で改善することがわかった」

もちろん、今後もデータの積み重ねは必要ですが、パレオダイエットが科学の世界でも支持を得つつあるのは間違いなさそうです。

それでは、具体的なパレオダイエットの方法を見ていきましょう！

chapter

1

食う

◆遺伝子「セットポイント」を修正する
◆加工食品を減らす
◆プチ断食

理論編

本当に優秀なダイエット法の条件とは

●短期で終わるダイエットに意味はない

昔から、多くのダイエット法がはやっては消えていきました。

カロリー制限や低脂肪食、バランス食、糖質制限など、そのいずれもが科学的な根拠を主張し、「われこそは最強のダイエット法！」と主張しています。実際のところ、もっとも効果が高いダイエット法はどれなのでしょう？

実は、この問題については、すでに科学的な結論が出ています。

2014年に、カナダの研究チームが「ダイエット法の効果」に関する大規模なリサーチを行いました。過去に行われたダイエット研究から7286人分のデータを選び出し、メタ分析を行ったのです（1）。

この研究で効果をチェックしたのは、低脂肪食やカロリー制限、高タンパク食などを含む全11種類。もちろん、日本でも人気の「糖質制限ダイエット」も、データが厳密に確認されています。

その結論をひとことで言ってしまえば、「結局はカロリーが大事なので、どんなダイエット法でも1年続ければ効果は同じ」というものでした。糖質制限だろうが低脂肪食だろうが、どの方法でも同じように体脂肪は減っていくわけです。

要するに、ほかのダイエット法よりも体脂肪が燃えやすくなったり、短期間でみるみる痩せられるような夢のテクニックは、この世に存在しません。なにせ、どの方法を用いても、効果はほとんど変わらないのですから。

では、それぞれのダイエット法には、なんの優劣もないのでしょうか？　どの方法でも同じように痩せられるなら、それこそ何でも好きなテクニックを選べばいいように思えます。

が、ここで本当に大事なのは、「最低でも1年は続けなければダイエットの意味がない」ところです。

どんなダイエット法でも続ければ効果が出ますが、逆に言えば、どんなダイエット法でも2～3か月でやめてしまえばすべて水の泡。早々にリバウンドして元の体形にもどってしまうことは、多くのデータが証明しています。

たとえば2016年にコペンハーゲン大学が行った実験では、肥満の男女20名に、52週間にわたってカロリー制限をしてもらいました（2）。そのあとで全員の血液を調べたところ、食欲を減らすホルモン（GLP－1とPYY）が体内に増えるまでは、およそ1年かかったというのです。

研究者は次のように言います。

「この実験は、太りぎみの人がダイエットに成功した場合、新しい体重に体が『適応』するまでに1年は必要なことを示している。体が適応さえすれば、スリムな体型を維持するのはどんどん簡単になっていく」

どんなダイエット法でも、体が慣れるまでは結構な時間が必要になります。新しく買った靴が足になじむまでは、しばらく履き続けなければならないのと同じです。

その前にダイエットをやめてしまえば、かなりの確率でリバウンドが起きるのは間違いなし。そのたびに、何度も苦しい減量にチャレンジするハメになってしまいます。

つまり、本当にすぐれたダイエット法に必要な条件はたったひとつ。自分でも気づかないうちに、自然と痩せるまで続けられることだけです。この条件を満たしていないテクニックは、いかに短期的に効果があっても「一生モノのダイエット法」にはなりません。もちろん、空腹をガマンしなければいけないような方法は論外でしょう。

●人間の体は、生まれつき太らないようにできている

くり返しになりますが、狩猟採集民たちは意識してカロリー制限などせず、どの民族も毎日お腹がいっぱいになるまで食事をしています。実際、多くの人類学データを見ても、狩猟採集民の摂取カロリーは、肥満大国であるアメリカ人の平均値と変わりがありません（3）。

それにもかかわらず、狩猟採集民たちに肥満がいないどころか、うっすらと腹筋まで割れています。まさに彼らは、気づかぬうちに「一生モノのダイエット法」を実践しているわけですね。

それでは、狩猟採集民が自然に痩せている秘密はどこにあるのでしょう？

ここでまず押さえておきたいのは、「本来の人間の体は、生まれつき太らないようにできている」という事実です。

ダイエットにお悩みの方からは「はぁ？ なに言ってるの？ それなら苦労しないよ」と言われそうですが、そうでも考えなければ、狩猟採集民たちが好きなように食べても太らない理由が説明できません。

もちろん、この事実は多くの実験でも確認されています。

なかでも有名なのは、バーモント大学が１９６６年に発表した論文でしょう。このなかで、研究者はバーモント刑務所の協力を受け、受刑者たちに一日１万ｋｃａｌも食べさせるすごい実験を行いました（４）。

その結果、参加者の体重はだいたい元の数字から15〜25％ほど太ったところで増量がストップ。そこからは同じように食べても体重は増えていかず、さらには実験が終わると、すぐに全員がもとの体重にもどってしまったそうです。

この現象について、肥満研究で有名なキール大学のマンフレッド・ミューラー博士は、次のように言います。

「これまでの科学的なデータを見る限り、人間の体には、自動で最適な体重に調整してくれるための『しくみ』が備わっている」

驚いたことに、私たちの体は、摂取カロリーの量に応じて、勝手に体重をコントロールしているようなのです。

もうおわかりのように、狩猟採集民が太らないのは、この「しくみ」が正常に働いているからです。もし食べ過ぎてしまったとしても、遺伝子に組み込まれた体重管理システムのおかげで、自動的に体脂肪が減っていくわけですね。

このシステムを、今の科学では「セットポイント」と呼びます。

●遺伝子による体重管理システム「セットポイント」

さて、セットポイントがどのように働いているかを見ておきましょう。

私たちの体重を左右する要素はいろいろありますが、もっともセットポイントへの影響力が大きいのはレプチンという物質です。レプチンは脳に作用して食欲を減らすホルモンで、この働きにより、私たちの体には次のような反応が起きます。

・食べる量を増やした場合：空腹感が減り、体脂肪が燃えやすくなる
・食べる量を減らした場合：空腹感が増え、体脂肪が燃えにくくなる

カロリーが足りればお腹がいっぽいになって体脂肪が燃え始め、カロリーが足りなければお腹が空いて体脂肪は温存される。セットポイントの働きとは、せんじつめればこれだけの話です。実にシンプルでパワフルな「しくみ」だと言えましょう。

ところが、この「しくみ」にエラーが生じると、私たちの体は、真逆の方向に向かい始めます。

いくら食べても空腹感がおさまらず、お腹はいっこうに満たされないまま。そのくせ代謝は大幅に下がってしまい、どんどん体脂肪は燃えにくくなっていくのです。

いったんこの状態にハマってしまうと、あとはデブまっしぐら。どこ

	空腹感	代謝	結果
いっぱい食べる	下がる	上がる	体重はそのまま
あまり食べない	上がる	下がる	体重はそのまま

かで歯止めをかけない限り、体は衰えていくばかりです。

これは、専門的には「レプチン抵抗性」と呼ばれる現象で、脳がレプチンの指示に反応しないせいで起きます（5）。簡単に言うと、レプチンは必死で「もうカロリーは十分です！」と訴えているのに、脳が「俺はもっと食べたいんだ！」と暴走しているような状態です。

Column

セットポイント理論を実践したらガリガリに!

ここで、私自身のダイエット体験をご紹介します。私がパレオダイエットの「セットポイント理論」を知ったのは2008年のこと。当時、今よりも13kgほど太っていた私は、さっそく自分の体で理論の正しさを確かめることにしました。

目標の体重は55kg。実験のルールは、次のようなものです。

—カロリー制限はせず満腹になるまで食べる
—加工食品は完全にカット
—外食はせず100%自炊
—飲み物は水かお茶だけ
—料理に油、砂糖、塩は使わない
—白米やパン、イモなどの主食類は食べない
—フルーツも食べない

もちろん、普通のパレオダイエットでは、フルーツは禁止ではありませんし、白米やイモ類なども食べてかまいません。しかし、セットポイント理論によれば、脂肪・糖・塩の3つを減らせば減らすほど、人間の食欲は落ちていくはず。どこまで自然にカロリーを減らせるかを確かめるのが、この実験の目的でした。

大変だったのは最初の1週間です。好きなだけ食べているので空腹感こそなかったものの、とにかく口さびしくて物足りない感覚が延々と続きました。なんの味つけもしていない野菜と赤身肉しか食べていないので、当然といえば当然の話なのですが、あらためて頭と体が別物だという事実を実感させられました。

しかし2週目以降は、好きだったラーメンやパスタのことも考えなくなり、塩気のない野菜炒めでも満足感を覚えるようになりました。無理をしているわけではなく、普通に満ち足りた感覚がわいてきたのです。

やがて一日1食でも問題なしの状態に。いつも以上に体は元気なうえに、頭もかつてないほどクリアです。それからおよそ2か月で10kgの減量に成功。調子に乗ってさらに続けてみたところ、ほどなく体重が50kgを切り極端なほどガリガリに。ほおはくぼみ、腕にも血管がクッキリ浮き出したため、さすがにここで実験を打ち切りました。セットポイント恐るべし!

●デブの最大の原因は「加工食品」だった

セットポイントさえ正常に働けば、人間は太りません。いくら好きなだけ食べようが、最終的には自然と最適な体脂肪率に落ち着いていきます。実際、狩猟採集民たちは、そうやって引き締まった体をキープしています。

それにも関わらず、先進国で肥満に悩む人が多いのは、セットポイントがうまく働いていないからにほかなりません。その原因はどこにあるのでしょうか？

結論から言ってしまえば、最大の原因はズバリ「加工食品」です。冷凍食品やコンビニ弁当、スナック菓子、ファストフードなど、誰もが日常的にお世話になっているでしょう。

あまりにも身近なせいで気づきにくいですが、これらの加工食品には、現代科学の最先端がつめ込まれています。「やめられないとまらない」といえば某スナック菓子のキャッチフレーズですが、まさに消費者のセットポイントを狂わせ、中毒性を高めるためのしかけが施されているのです。

加工食品に関する研究が進んだのは、いまから50年も前のこと。実験心理学者のハワード・モスコウィッツ博士が、砂糖の魅力を最大に引き出す方法を調べ始めたのがきっかけでした。

まずは、砂糖の量をいろいろと組み合わせて味覚テストを実施。そのデータをコンピュータモデリングにかけたところ、「もっとも中毒になりやすい糖分の量」を割り出すのに成功したのです。

さらに、もうひとつ加工食品の中毒性に欠かせないのが「脂肪」です。クリームたっぷりのケーキや脂がのった霜降り肉など、私たちの舌が脂肪の魅力に弱いことは、科学者に言われなくても想像がつくでしょう。

脂肪が恐ろしいのは、その中毒性に際限がないところです。

モスコウィッツ博士によれば、砂糖はある一定のレベルを超えると中毒性が減っていくのに対し、脂肪は使うほど食品としての魅力が上がっていくのだとか。お菓子の製造で有名なクラフトフーズ社は、ジャーナリストのマイケル・モスのインタビューに、こう答えています（6）。

「われわれの大脳辺縁系は、糖分、脂肪分、塩分（自然界では貴重なエネルギー源だ）に目がない。なら、これらが入った製品を作ればいい」

今日の加工食品には、50年にわたる化学の成果がつまっています。私たちの脳を限界まで興奮させ、食欲が止まらなくなるようにデザインされているのです。

当然ながら、人類の体が完成した数十万年前には、ジャンクフードなどは存在しません。加工食品に仕込まれた中毒性に対して、私たちの脳がうまく対応できないのも当然でしょう。

マイケル・モスは、加工食品メーカーの重役に話を聞いた結果を、次のようにまとめています。

「私が話を聞いた重役の多くは、自らが手がけた商品を避ける食生活を心がけていた。（中略）元クラフトのジョン・ラフは甘い飲み物と脂肪分の多いスナック菓子をやめた。ネスレのルイス・カンタレルは、夕食は魚と決めている。元フリトレーのロバート・リンはポテトチップスを食べず、加工度の高いほかの食品もほとんど食べない」

どうやら、加工食品の関係者ほど、その危険性に気づいているようです。私たちも、自分の身は自分で守るしかありません。

●加工食品を減らすと、気づいたときに体脂肪が減っている

加工食品を減らすとセットポイントが修正され、私たちの体は、苦労しなくても自動的にスリムになっていきます。

もちろん、この説は科学的にも広く支持されており、関連データはおよそ3000以上も存在します。代表的な例を、簡単に紹介しておきましょう。

・肥満ぎみの男女に加工食品を徹底的にひかえる生活をしてもらったところ、自然と一日の摂取カロリーが2478kcalから1584kcalに減り、3週間で2・5kgもの体脂肪が減った。（2008年・7）

・実験の参加者に加工食品を減らすように指導しただけで、一日の摂取カロリーが平

均で200～300kcal減り、最初の12週間でおよそ3万kcalもの体脂肪を燃やすことに成功した。（2007年・8）

・極度の肥満患者を対象にした実験では、全員に加工レベルの低いドリンクを飲み続けてもらったところ、特に空腹に苦しむことなく2500日で100kg以上の減量に成功した。（1965年・9）

いずれの実験も、参加者はなんの空腹も感じておらず、気がついたら体脂肪が減っていたのがポイント。糖尿病治療の第一人者であるマーチン・マイヤーズ博士も、2010年のレビュー論文で次のように断言しています。

「過去の50年間で、私たちの摂取カロリーは大きく増えた。それは、脳への刺激が大きい食品の増加が原因だ。最新の肥満研究では、脳を刺激する食品にあふれた現代の環境をもっとも重視している」（10）

加工食品によって脳が暴走したせいで、カロリーを摂り過ぎてしまうから太る。これが、現代の肥満研究の結論なのです。

さて、いったん肥満の原因がわかってしまえば、あとは問題をとりのぞいていくだけ。狂ったセットポイントを正していきましょう！

●どこまでが加工食品なのか？

では、具体的なプログラムに入る前に、そもそも「加工食品ってなに？」という点を押さえておきましょう。いくら「加工食品を減らそう」と言われても、どこまでが加工食品に入るのかがわかっていなくては判断ができません。

まず、基本的なルールとしては、

・**原材料がどんな形をしていたのかわからない商品はひかえる**

というシンプルな基準を意識してください。

このルールに従うと、ケーキやポテトチップス、ゼリー、カップ麺などはもちろんダメですし、冷凍食品やファストフードの大半はＮＧになります。

逆に、コンビニで手に入る食品のなかでも、鮭の切り身や味つけゆで卵、冷凍野菜、フルーツ、サラダなどはＯＫ。いずれも、どんな原材料を使っているかがハッキリとわかるからです。

いままでジャンクフードの消費量が多かった人は、このルールに従うだけでも、どんどん体重は落ちていくでしょう。が、さらにダイエットのスピードアップさせたければ、もっと厳しく次のルールにしたがってみてください。

・植物油脂、砂糖、人工甘味料、精製穀物、食品添加物が入ったもの、および低脂肪食品には手を出さない

食品の成分表をチェックしてみて、とりあえず「植物油脂」や「砂糖」「果糖ブドウ糖液糖」「でんぷん」「小麦粉」が入ったものはＮＧ。人工甘味料や食品添加物は種類が多いので、「よく知らないカタカナの成分が入ってたら避ける」と判断すればいいでしょう。また、低脂肪の食品はなんとなく体によさそうに思えますが、大量の

良い加工食品と悪い加工食品の例

サバ缶：	水煮はＯＫ、味噌煮はＮＧ
ツナ缶：	ノンオイルはＯＫ、油漬けはＮＧ
ナッツ：	素焼きはＯＫ、植物油脂を使ったローストはＮＧ
ひき肉：	着色料や添加物の入っていないものならＯＫ
ヨーグルト：	脂肪が入ったものはＯＫ、低脂肪はＮＧ

砂糖や添加物が入っているケースが多いため、やはり避けたほうが無難です。乳製品を食べたいときは、できるだけ全乳の商品を選んでください。

この基準に従った場合、具体的な食品の良し悪しは、たとえば上の表の例のように決まります。ここまで厳密にルールを守れば、あなたのセットポイントは必ず正常になり、自然と体重が落ちていくはずです。

しかし、ここで大事な注意点がひとつあります。

世の中には、「食品添加物に発がん性が！」や「人工甘味料は毒素の塊！」といった内容の本も多いですが、いずれもマウス実験のデータを大げさに書き立てただけで、実際には食品添加物や人工甘味料の毒性は確認されていません。

パレオダイエットで加工食品を避けるのは、あくまで食べ過ぎを防ぐのが狙いです。加工食品そのものが体に悪いわけではないので、必要なときは口にしても構いません。どうしてもお菓子やジャンクフードが食べたいときは、「全体の食事量の2割まで」というルールさえ守れば口にしてもＯＫ。それぐらいの量であれば、セットポイントが大幅に狂うことはないでしょう。

●プチ断食こそが自然本来の姿

「ファスティング」という健康法を聞いたことがある方は多いでしょう。3～6日間にわたって食事を断つ方法で、短期間で体重が減り、アンチエイジングの効果もあると言われています。

が、パレオダイエットでは、24時間以上のファスティングはオススメしていません。なにせ精神的にツラいですし、カロリーを減らしすぎれば筋肉も減ってしまいます。また、長時間にわたって空腹状態が続くと、コルチゾールというストレスホルモンが大量に分泌されてしまうのも困りもの（11）。コルチゾールが増えすぎると、内臓脂肪が増えたり（12）、病気にかかりやすくなったりと（13）、さまざまなデメリットがあることがわかっています。長期間のファスティングは、誰にでもできる方法ではないのです。

そこで、さらにワンランク上の肉体を目指すための技術が、「プチ断食」という食事法です。パレオダイエットで提唱するプチ断食では、最短で8時間、最長で24時間までの断食しか行いません。私の一日を例にあげましょう。

- 7時に起きたら、朝食は抜いて13時までお茶かコーヒーのみ
- 13〜16時の間に900〜1000kcal の食事
- 18時〜21時の間に900〜1000kcal の食事
- 0時に寝る

21時から翌13時までの16時間は、カロリーがあるものはいっさい口にしないのがポイント。それ以外の時間帯は、カロリーを気にせずお腹がいっぱいになるまで食べています。

この食事パターンは、もちろん狩猟採集民のライフスタイルを参考にしたものです。当然ながら、起きてすぐに朝ごはんを食べるような部族はほとんどいません。たいていは起きてから空腹のまま狩りに出かけ、昼すぎにようやく最初の食事を始め、だいたい20時まで好きな量を食べたら、また翌日の昼までは断食を続けます。狩猟採集民たちは、意識せずに毎日プチ断食を実践しているわけですね。

つまり、人間にとってはプチ断食こそが自然な食事パターンである可能性が大。パレオダイエットの世界でプチ断食を重要視するのも当然と言えるでしょう。

●プチ断食がダイエットと若返りに効く理由

いくら狩猟採集民が一日2食だといっても、データの裏づけがなければ意味がありません。具体的なプチ断食のメリットを、簡単に紹介します。

体脂肪の減少スピードが上がる

パレオダイエットの食事法を守るだけでも体重は自然に落ちていきますが、さらにスピードをアップさせたければプチ断食が有効です。

2015年にユタ大学が行ったメタ分析によれば、プチ断食は普通のカロリー制限よりも食欲を減らす効果が高く、週に2回実践するだけでもOKとのこと（14）。たまにゆるい断食を行うことで、食欲のコントロールが簡単になるようです。

同じく2015年に出た別のメタ分析でも、プチ断食により体重が減りやすくなり、心疾患のリスクも減るとの結果が出ています（15）。

細胞から体を若返らせる

もうひとつ、プチ断食はアンチエイジングにも効果的です。

実際、短時間だけカロリーを減らすことで逆に元気が出てきたり、肌がスベスベになったという報告が多く出ています（16）。

こういった現象が起きるのは、プチ断食で細胞の「オートファジー」が活性化するからです。今年、日本人科学者の大隅良典博士がこの研究でがノーベル賞を受賞したことでも話題になりましたね。これは人間の体に備わった「リサイクルシステム」のような仕組みで、細胞にたまったゴミを取りのぞく働きを持っています。

細胞のゴミとは以下のものです。

- **故障したミトコンドリア**
- **異常を起こしたタンパク質**

・劣化した細胞

これらの廃棄物を大掃除するのがオートファジーの役割です。つまり、プチ断食には、細胞レベルで体を若返らせる効果があるわけですね。

２０１４年にパヴィア大学が行った研究によれば、１００才以上のご老人ほどオートファジーの性能がよく、ハイペースで細胞が新しく生まれ変わり続けていたとか(17)。まだ断言はできませんが、プチ断食は長生きにも効果がありそうです。

Column

パレオダイエットは薄毛にも効く?

残念ながら、現時点ではパレオダイエットの育毛効果を調べた実験データはありませんが、状況証拠を見る限り、可能性は十分にあり得ます。

たとえば、もっとも参考になるのは、1930年代にアメリカのウエストン・プライス博士が行った調査です。プライス博士は、10年をかけて世界中の狩猟採集民を調べてまわり、伝統的な暮らしを送る部族には、若ハゲや若白髪がほとんど見られないことを発見したのです。

狩猟採集民の世界では、薄毛はあくまで老人に特有の現象。先進国の男性のように、30代から頭がさびしくなっていくケースは少ないようです。

薄毛の原因は、おもに次の3つです。

1.遺伝

2.ホルモンバランス

3.栄養不足

このうち、1番目の遺伝だけは、どうにもなりません。生まれつきハゲやすい体質の人は、ロゲインやプロペシアといった薬を使うか、自毛移植のような外科手術で対処するのが最善策でしょう。狩猟採集民のなかにも、少ないながら若ハゲは存在し、遺伝子に逆らうのは時間のムダなので、現実を受け止めるしかありません。

2番目の原因は、DHT(ジヒドロテストステロン)やT3といったホルモンのバランスが崩れて毛根がダメージを受け、髪の毛が細くなってしまうパターン。いわゆる「男性型脱毛症」です。

このほか、肥満や糖尿病の人ほど薄毛に悩むケースが多く、インスリンなどのホルモンバランスが崩れてしまうのも、大きな原因のひとつだと考えられています。薄毛というと男性ホルモンが注目されがちですが、実際は、あらゆるホルモンが頭髪の健康に関わっているのです。

ホルモンバランスの乱れを完全に修正するには、精製油や砂糖、加工食品といった体に悪いものを徹底的に省いていくしかありません。すなわち、パレオダイエットが効果的だと考えられます。

3番目の「栄養不足」については、くわしく語るまでもないでしょう。十分な栄養が足りなければ、毛髪の正常なサイクルが乱れ始め、どんどん髪の毛は抜け落ちていきます。俗に、「休止期脱毛症」と呼ばれる症状です。

この現象には、実は進化論的なバックグラウンドがあります。筋肉や歯といったパーツにくらべると、髪の毛はそこまで生存のためには必要ではないため、真っ先に犠牲になってしまうのです。しかし、幸いにも、「休止期脱毛症」はリカバリーが可能です。加工食品を減らし、野菜・肉・魚などの栄養豊富な食材をちゃんと食べれば、毛髪のサイクルは回復していきます。

実践編・初級①

加工食品を減らし、遺伝子セットポイントを修正する

●実践するだけで、月に2～3kgずつ痩せていく！

それでは、いよいよ実践です。具体的に、どれだけ加工食品を減らせばセットポイントが正常化するのかの目安を紹介します。

このプログラムを実践すれば、平均で体重が月に2～3kgのペースで自動的に減っていくはずです。月に2～3kgというと物足りない方もいらっしゃるかもしれませんが、あくまで空腹に苦しまずに自然に痩せていくのがポイントです。いったんセットポイントが正常化すれば、リバウンドとも無縁な体になっていきます。

いまの自分のライフスタイルや体形と見くらべつつ、少しずつ食事を改善してみてください。

レベル1の条件

2日に1回自炊

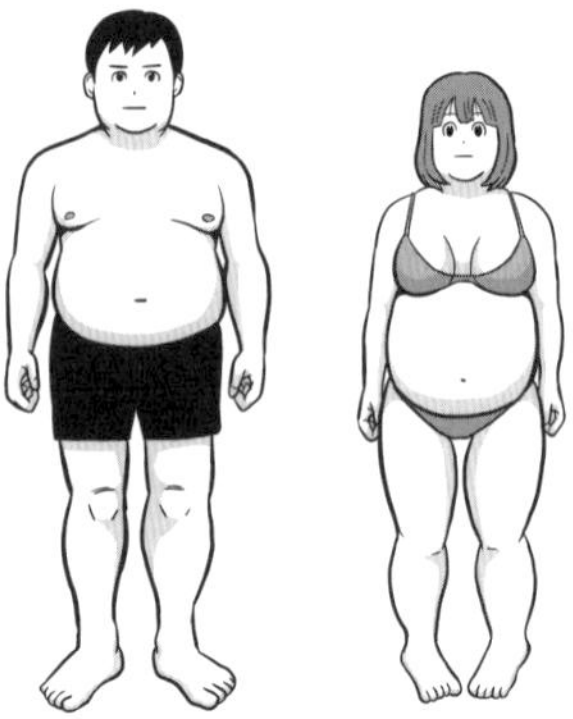

▼レベル1
ほとんどの食事が外食か加工食品の場合

大半の食事を外食やコンビニですませている方は、上のイラストのような体形に落ち着くケースが多いようです。

このレベルの場合は、少なくとも2日に1回は自炊を取り入れてください。スーパーで未加工の肉や野菜を買い、自分で食事を用意しましょう。自炊した料理が味気ないようなら、砂糖や塩、ココナッツオイル、オリーブオイルを使って食べやすくしてください。この時点では、2日に1回の自炊以外は、自由に加工食品を食べても構いません。このスタイルを3週間ほど続けたら、レベル2に移ります。

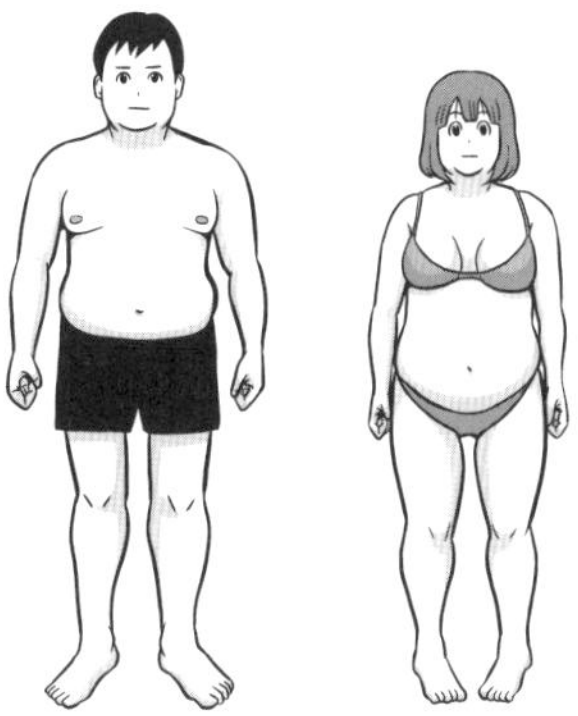

レベル2の条件

一日に1回自炊

▼レベル2
全体の食事の7割が加工食品か外食の場合

全体の7割が外食やコンビニめしだと、上のイラストのような形に落ち着くケースが多いようです。

このレベルの場合は、少なくとも一日に1回は完全な自炊をするのが目標です。生の野菜と肉を買ってきて、自分で料理をしましょう。

その他の条件はレベル1と同じ。この食事スタイルを3週間ほど続けたら、レベル3に移ります。

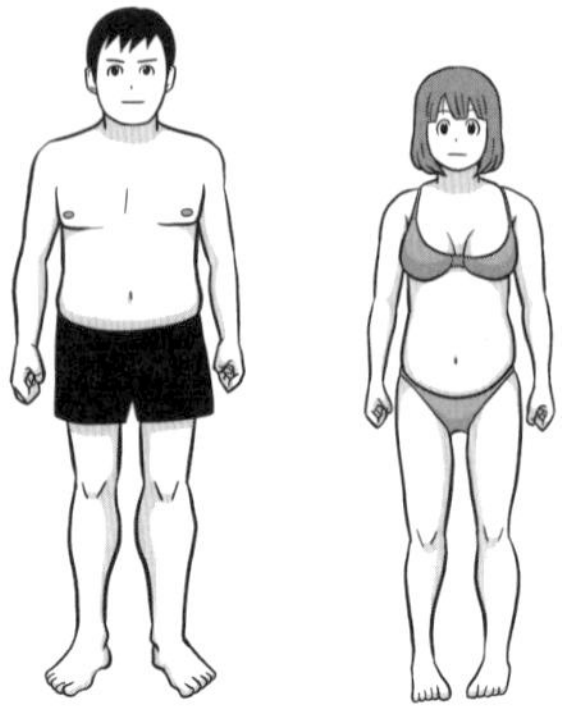

レベル3の条件

- 一日2食を自炊
- 毎食ごとに100gの緑黄色野菜
- 砂糖と甘味料を半分に
- スナック&お菓子は×

▼レベル3
全体の食事の半分が加工食品か外食の場合

少なくとも一日3食のうち2食を自炊にし、毎食ごとに必ず100g以上の緑黄色野菜を食べてください。料理に使う砂糖や人工甘味料は、半分まで減らしましょう。

料理用の油はオリーブオイルかココナッツオイルのみ。また、このレベルからはスナック類やお菓子は完全にカットし、その代わりできるだけ自然に近い食品（ナッツ類・にぼし・ドライフルーツなど）をおやつにしてください。同様に、市販の清涼飲料水はもちろん、砂糖や脂肪分の入った飲み物も半分カット。カロリーの多い飲み物ほど、脳への刺激が強い傾向があるからです（18）。

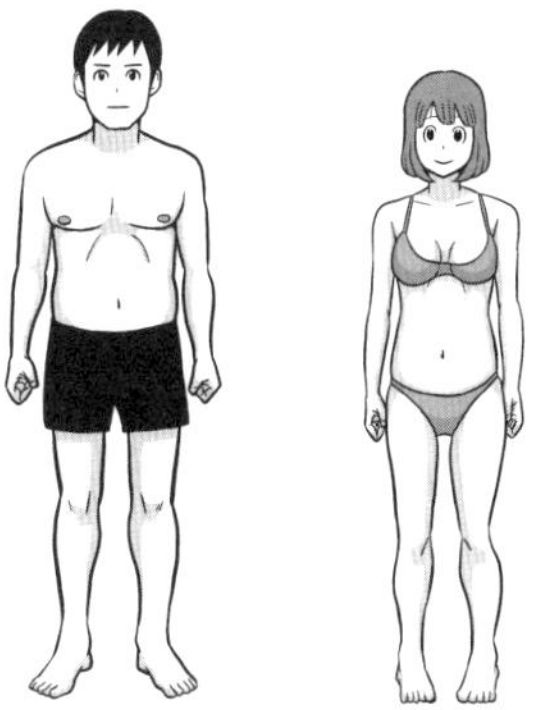

レベル4の条件
- ・8〜9割を自炊
- ・油や砂糖は半減
- ・飲料はノンカロリーのみ可
- ・毎食200g以上の緑黄色野菜
- ・主食を芋類に

▼レベル4
食事の3割が加工食品か外食の場合

このレベルでは、全体の食事の8〜9割を自炊にしましょう。スーパーでは未加工の食材のみを買いましょう（調味料はのぞきます）。料理に使う油や砂糖は、いままでの量の3〜5割減を目指してください。

カロリーのある飲み物は基本的にすべてNGです。お茶とブラックコーヒーだけは飲んで構いません。

さらに、毎食ごとに必ず200g以上の緑黄色野菜を食べ、全体の食事量に対するカロリーを少なくします。白米やパンなどの主食はジャガイモやサツマイモといったイモ類に置き換え、毎食ごとに最低でも15gのタンパク質を摂ると、よりセットポイントが整いやすくなります（19）。

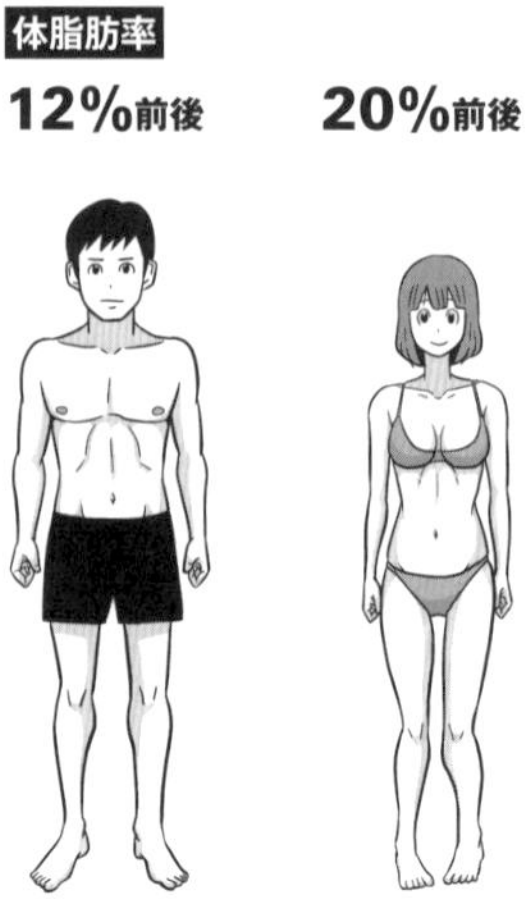

レベル5の条件

- ほぼすべて自炊に
- 油や砂糖はほぼカット
- 調味料はスパイス主体に
- 食事の7～8割を緑黄色野菜
- 毎食最低25gのタンパク質

▼レベル5
加工食品と外食の割合が全体の食事の1割以下の場合

このレベルは、さらに高みを目指す人のためのものです。全体の食事の9～10割を自炊に。料理はできるだけ低温調理で行い、焼き物や揚げ物は少なめに。食材はゆでるか煮たほうがベターです。

油や砂糖は、レベル4からさらに3～5割ほどカット。調味料も市販の商品は控え、スパイスをメインに使っていきます。外食に出かけるのは、月に3～4回ぐらいが目安です。また、カロリーのある飲み物は完全に排除し、飲むのは水、お茶、ブラックコーヒーだけ。食事の7～8割を緑黄色野菜にして、炭水化物はジャガイモかサツマイモをメインにします。白米やパンなどの主食は、たまの楽しみにしてください。

もちろん間食は完全にNGで、食事は決まった時間を厳守。毎食ごとに最低でも25グラムのタンパク質を摂ると、さらに効率よく食欲が下がります。

以上の方法でライフスタイルを変えていけば、どんな人でも、必ず無理なく痩せていきます。体重が落ちるペースには個人差がありますが、たいていは2週間で過剰な食欲が収まり、平均では月に2〜3kgのペースで減量が進むケースが多いようです。

また、しばらく加工食品を避ける生活をしていくと、ほとんどの人は次のレベルの体脂肪率に落ち着きます。

男性：12〜14％
女性：20〜22％

どちらも腹筋がほどよく割れて見え、健康的で引き締まった印象をあたえる体脂肪率です。俗に言う「モテボディ」ですね。

いったんこの体脂肪率に達すると、一気に体重は減りにくくなります。狩猟採集民の体形データを見ても、多くの民族では男性の体脂肪率が13％前後、女性は21％前後に収まっており、おそらくこれぐらいが人間にとってもっとも自然で機能的な体型なのだと思われます（20）。

ちなみに、ここからさらに体脂肪を減らしたいときは、さすがに意識してカロリー制限をしなければなりません。たとえば、フィットネスモデルのようにバキバキに割れた腹筋を手に入れたければ、男性は体脂肪率９％、女性は15％ぐらいまで落とす必要があります。もちろん不可能な数字ではありませんが、厳密なカロリー管理とハードなトレーニングが必須なので、個人的にはおすすめしません。

●狩猟採集民の栄養摂取量は先進国の20倍

ここまで見たとおり、加工食品を減らすだけでも食欲は落ち、私たちの体は自然とベストな体重に落ち着いていきます。

が、それだけでは、まだ「一生モノのダイエット法」とは呼べません。

くり返しになりますが、本書の目標は、死ぬまで健康的な頭脳と肉体をキープし続

伝統的な民族食と1930年代の栄養量比較

民族名／栄養素名	カルシウム	鉄	マグネシウム	ビタミンA	ビタミンB
アボリジニ	4.6倍	50.6倍	17倍	10倍	
マオリ族	6.2倍	58.3倍	23.4倍		
ポリネシアン	5.6倍	22.4倍	28.5倍		
南方ネイティブアメリカン	6.6倍	5.1倍	13.6倍		
アフリカ放牧民	7.5倍	16.6倍	19.1倍		
中央アフリカ農耕民	3.5倍	16.6倍	5.4倍		
エスキモー	5.4倍	1.5倍	7.9倍		
北方ネイティブアメリカン	5.8倍	2.7倍	4.3倍		
ケルト人	3.7倍	3.1倍	2.5倍		
ゲール人	2.1倍	1倍	1.3倍		

けることです。いかに痩せたからといっても、ずっと疲れがとれなかったり、どこか体調が悪い状態が続いたり、実際の年齢よりも老けて見えたりしては意味がありません。狩猟採集民のように引き締まった体を保ちつつ、現代病とは無縁にイキイキと毎日の仕事をこなしていけるようになってこそ、わざわざライフスタイルを改善する意味があるというものでしょう。

そのためには、本当に体にいい食品だけを選び、たっぷり栄養をとっていかねばなりません。できるだけ人間にとって自然なものを食べ、私たちの肉体を野生の状態にもどしていくのです。

実際、多くの狩猟採集民たちは、先進国とくらべてハンパではない量の栄養をとっています。

1930年代、アメリカの歯科医だったウェストン・プライス博士は、「なぜ現代人はこんなに不健康なのだろう？」という疑問を抱き、世界各地の伝統食を調べる旅に出発。その成果を『食生活と身体の退化』という本に残しました（21）。

本書のデータから、狩猟採集民たちが日常的に摂取している栄養素の量をまとめたのが前ページの表です。なんと、先進国に比べてビタミンが10倍、ミネラルは20倍！

もちろん、これは１９３０年代の西洋の食事との比較なので、現代ではもうちょっと差が縮まっているかもしれませんが、それでも狩猟採集民が大量の栄養素を摂っているのは間違いなさそうです。

この差を埋めていくには、加工食品を減らすだけでは不十分。積極的に体にいい食品をチョイスしていくしかありません。

実践編・初級②

パレオダイエット用の食材を厳選する

●〝太古の昔から食べられていたか〟を基準に選ぶ

ひとくちに「体にいい食品」と言っても、範囲が広くてワケがわからないでしょう。そこで役に立つのが、やはりパレオダイエットの考え方です。

セットポイントの章でも述べたように、パレオダイエットは原始人や狩猟採集民のライフスタイルに学ぶ健康法。その根底には、「人類が長年にわたって食べてきたものほど体にいいはずだ」という考え方があります。

ご存じのように、すべての生き物は、その時々の環境にうまく適応しながら進化してきました。となれば、古代から長く食べ続けられてきた食品ほど、私たちの体にとって自然であるのは間違いありません。

つまり本当に体にいい食品を選ぶコツとは、

・「これって原始人も食べていたか？」と想像してみる

これだけです。原始人がファストフードや砂糖、缶詰などを食べている姿はイメージできませんよね？　もしうまく想像できないならば、それはパレオダイエットではNG食品です。

ただし、この基準だと、白米や牛乳までNGになってしまうため、やや厳しすぎると感じる方もいるかもしれません。その場合は、

・いま100才のお婆ちゃんが、10代のころに食べていたか？

と考えてみてください。もし100才のお婆ちゃんが若いころに食べていた様子が想像できないなら、それはパレオダイエットではNG食品。この基準に従うと、たとえば全乳で作った牛乳はOKだけど、低脂肪に加工された牛乳はNGになります。

もちろん、現代の食品がすべて体に悪いわけではありませんが、基本的には古代に

存在したものほど「体に良い食品」だと判断するのがわかりやすいでしょう。

個人差はありますが、パレオダイエットの食事法を続ければ、たいていは1か月でハッキリと肉体と心に変化が出てきます。「なんだかダルい」や「なぜか元気がわかない」といった不調が、あきらかに消えていくのです。私の場合でも、パレオ式の食事を始めてから1か月ぐらいでメキメキと気分が良くなり、3か月で仕事の生産性や集中力にも変化が出ました。ぜひ、まずは1か月だけ続けてみてください。

●種類別、食材のベスト番付

パレオダイエットの食事法はとてもシンプル。「加工食品を減らし、本当に体にいい食品をたっぷり食べる」。これがすべてです。

おおまかな「体にいい食品」の見分け方がわかったところで、パレオダイエットでオススメの食材について、さらにくわしく見ていきましょう。

ここでは、タンパク質、脂肪、糖質の順番に、それぞれのベスト食材を紹介していきます。いずれも上位の食材ほど体にいいので、ガンガン毎日の食事に取り入れていってください。

❶タンパク質のベスト番付

まずは、タンパク質が豊富な食材のベストから。タンパク質は食後の満腹感を高める効果が大きく、ダイエットに役立つのはもちろん、毎日を気分よく暮らすためにも必須の栄養素です（20）。

摂取量は一日の総摂取カロリーの15～35％あたりが目安。たいていの人は20％以上を目指せば十分でしょう。すぐれたタンパク源は以下のとおりです。

横綱……………天然魚、貝類
大関……………牧草など自然に近い環境で育った牛、羊、ヤギなどの反芻動物の肉
関脇……………地鶏、放牧で育った豚
小結……………卵、養殖魚
前頭筆頭…………穀物で育った牛、羊、ヤギなどの反芻動物の肉
前頭二枚目………穀物で育った豚、全乳

前頭三枚目……ブロイラーの鶏肉
幕下…………加工肉

以上のランキングは、タンパク質の量はもちろん、脂肪酸のバランス（オメガ3とオメガ6）、有害金属や飼料などの安全性をベース評価にしています。

まず、もっともすぐれているのは魚介類。魚にふくまれるオメガ3脂肪酸には、細胞の炎症をふせぎ、体を若返らせる働きがあります（22）。サーモン、サバ、イワシ、ニシンなどの脂肪分が多い魚を、週に100〜200gを目安に食べてください。

近ごろは魚の油を使ったサプリも多く売られていますが、基本的にオメガ3は酸化ダメージを受けやすい性質を持っているため、品質が悪いものを飲むと逆に寿命が縮む可能性もあります（23）。オメガ3は、必ず魚から摂るようにしましょう。

次に大事なのがお肉。牛、豚、鶏、羊など、動物の肉なら何でもOKです。できれば放牧やケージフリーで育てられた良質な肉を選びたいですが、あまり神経質になるのもよくないので、スーパーで手に入る食肉で構いません。

ただし、ソーセージやハムなどの加工肉はNG。WHOが2015年に行ったメタ分析でも、加工肉で発がんリスクが高まることが確認されています（24）。

また、卵もビタミンＤやタンパク質が豊富な優良食品です。特に近年の実験では、一日に1個以上の卵で体の炎症が減ることがあきらかになり、アンチエイジングフードとしても見直されつつあります（25）。

卵というとコレステロールが気になる方もいるでしょうが、ご安心ください。ここ数年のデータにより、一日に4個の卵を食べても血中コレステロールには影響がないとの結論が出ています（26）。

以上の食材は、横綱から関脇クラスだけを食べるのが理想ですが、それでは食費がかかってしまうので、小結から前頭筆頭までのタンパク源をメインにしていきましょう。前頭二枚目から下は、たまに食べるぐらいにしてください。幕下の加工肉については、全体の1割以下に抑えましょう。

❷油のベスト番付

ダイエットの世界ではとかく油や脂肪は嫌われがち。しかし、脂質は体内でホルモンの材料になるため、制限しすぎると体に害が出てしまいます。必ず適切な量を摂るようにしてください。
脂質の摂取量は、一日の総摂取カロリーの20〜50％あたりが目安。すぐれた脂肪は以下のとおりです。

横綱…………ココナツオイル、MCTオイル、パーム核油
大関…………放牧牛の牛脂、オーガニックバター、ギー
関脇…………マカダミアナッツオイル、エキストラヴァージンオリーブオイル
小結…………アボカドオイル、亜麻仁油
前頭筆頭……アーモンドペースト、カシューバター
前頭二枚目……放牧豚のラード、牛脂、バター
前頭三枚目……クルミ油、鶏油
幕下…………キャノーラ油、サフラワー油、大豆油、コーン油

以上のランキングは、体に炎症を起こすオメガ6の量が少ない順に並べています。
基本的には小結クラスまでの油を使うのが理想で、なかでも横綱クラスの油には体の

炎症を抑える作用もあるため、ぜひ積極的に料理に使ってください。ただし、亜麻仁油は熱で酸化しやすいので、これだけは生野菜のドレッシング用に使いましょう。

注意してほしいのは、ここで紹介した油は、あくまでも料理用にだけ使ってほしいことです。良質な魚や卵などをちゃんと食べていれば、体に必要な量の脂質は十分に補給できるため、追加でわざわざ油を飲むような意味はありません。

近ごろは「ココナツオイルやＭＣＴオイルを飲む」といったダイエット法もありますが、科学的な根拠はゼロです。２０１５年に出たメタ解析でも、ココナツオイルやＭＣＴオイルを飲んでも痩せるわけではないとの結論が出ています(27)。同様に、近年では「バターを入れたコーヒーを飲む」といったダイエット法もありますが、これも科学的な根拠はありません。

❸炭水化物のベスト番付

糖質制限ダイエットの世界では炭水化物は嫌われものですが、人間の体が正常に機能するためには、絶対に糖質は必要です。

実際、これまでに行われた狩猟採集民の調査データを見ても、糖質が総カロリーの

2割を下回る民族は存在しません(28)。肉食が中心のイヌイット族ですら、アザラシの肝などからちゃんと糖質を摂取しています(29)。

逆に糖質の量が7割以上を占める狩猟採集民も多く、例えばパプアニューギニアのキタバ族は総カロリーの72%が炭水化物ですし、ツキセンタ族にいたっては、なんと総カロリーの95%を炭水化物から摂っています(30)。炭水化物は、人間にとってごく自然な栄養素なのです。すぐれた炭水化物は、以下のとおりです。

横綱……………すべての葉物野菜
大関……………サツマイモ、じゃがいも、サトイモ、長芋、カボチャ
関脇……………ニンジン、タマネギ、レンコン、ニンニクなどの高糖質な野菜
小結……………ベリー類など、フルーツ全般
前頭筆頭………全粒粉のパンやパスタなど、玄米、ココナツ、白米
前頭二枚目……そば、クルミ、マカダミアナッツ、ライ麦、キヌア、豆類
前頭三枚目……アーモンド、カシューナッツ、種子類、うどん
幕下……………菓子類、市販のパン、スナック類

以上の食品は、総カロリーに対するビタミンとミネラルの割合が多く、食物繊維が豊富なものほど上位にランクインしています。

第一に、パレオダイエットでもっとも大事なのが野菜です。ほうれん草、ブロッコリー、キャベツ、ネギ、レタス、アスパラ、キノコ、カブ、キュウリなど、とにかく野菜なら何でもOKなので、カロリーを気にせずガンガン食べましょう。

続いて、根菜類も大事な糖質源のひとつ。糖質制限ダイエットでは嫌われがちですが、パレオダイエットでは積極的にイモや根菜類をおすすめしています。サツマイモ、ジャガイモ、タロイモ、ニンジンなど、いずれもビタミンや栄養素が豊富な優良食品です。カロリーは高いですが、怖がらずに食べてください。

そして、3番目に大事なのがフルーツです。食物繊維とポリフェノールが豊富で、2009年にデンマーク工科大学が行ったメタ分析でも、フルーツの消費量が多い人ほど肥満が少ないという傾向が出ています（31）。カロリーオーバーにならない限りは、何の問題もありません。

いっぽうで、前頭クラスの食品は全体の3割以下に抑えたほうがいいでしょう。特にナッツ類や種子類は脂肪分が多いので、さらに減らしたほうがベター。それより下にランクした糖質源は、できれば完全に食卓から取り除いてください。

狩猟採集民の調査データを見ると、多くの民族は総カロリーの20～40%のあいだで糖質をとっているようです。まずはこのラインを目指して摂取するのが無難でしょう。ただし、先にも述べたとおり、糖質そのものが体に害を及ぼすわけではありません。ちゃんとした糖質源さえ選んでいれば、そこまで三大栄養素のバランスに関しては神経質にならなくてもOKです。まずは1か月でいいので、ぜひ全体の食事の7～8割を体にいい食品にしてみてください。

食材別・パレオダイエットに適した食材一覧

	タンパク質	脂	炭水化物
横綱	天然魚、貝類	ココナツオイル、MCTオイル、パーム核油	すべての葉物野菜
大関	自然に近い環境で育った牛、羊、ヤギなどの反芻動物の肉	放牧牛の牛脂、オーガニックバター&ギー	サツマイモ、ジャガイモ、サトイモ、長芋、カボチャ
関脇	地鶏、放牧で育った豚	マカダミアナッツオイル、エキストラヴァージンオリーブオイル	ニンジン、タマネギ、レンコン、ニンニクなどの高糖質な野菜
小結	卵、養殖魚	アボカドオイル、亜麻仁油	ベリー類などフルーツ全般
前頭筆頭	穀物で育った牛、羊、ヤギなど	アーモンドペースト、カシューバター	全粒粉のパンやパスタなど、玄米、ココナツ、白米
前頭二枚目	穀物で育った豚、全乳	放牧豚のラード、牛脂、バター	そば、クルミ、マカダミアナッツ、ライ麦、キヌア、豆類
前頭三枚目	ブロイラーの鶏肉	クルミ油、鶏油	アーモンド、カシューナッツ、種子類、うどん
幕下（NG食材）	加工肉	キャノーラ油、サフラワー油、大豆油、コーン油	菓子類、市販のパン、スナック類

●パレオ式・お酒の飲み方

パレオダイエットでは、基本的にアルコールをおすすめしていません。人類が酒を飲むようになったのは約1万~1万2000年前のことにすぎず（32）、まだまだ遺伝子がアルコールに適応できていないと考えられるからです（33）。

また、一般的には「適度の酒は体に良い」とも言われますが、近年ではアルコールの健康効果にも大きな疑問が出ています。2016年にビクトリア大学が発表した論文によれば、これまでのアルコール研究には統計的なミスがあり、結局は酒を飲まない人がもっとも長生きだったのです（34）。

この論文は、87件のデータをまとめたメタ分析であり、科学的な信頼性はかなり高め。これで酒の健康効果が完全に否定されたわけではありませんが、少なくともアルコールを積極的に飲むだけの理由はなさそうです。かくいう私も、2年前に完全に酒を止めてしまいました。

しかし、さすがに禁酒まではできないという人も多いはず。社会人にお酒はつきものですし、付き合いで飲み会に参加しなければいけない場面もあるでしょう。
そこで、ここではアルコールの害を、最少限にまで抑える酒の飲み方を紹介します。まずは、体へのダメージが少ない酒のランキングをどうぞ。

横綱　赤ワイン
大関　ブランデー、ウィスキー、ハイボール、スコッチ、コニャック
関脇　白ワイン、ビール、シードル、日本酒
小結　ウオッカ、テキーラ、ジン、焼酎
前頭　黒ビール、発泡酒
幕下　カクテル、チューハイ、サワー

この順位は、おもにカロリーとポリフェノールのバランスを元にしています。なかでも、赤ワインは体に良いポリフェノールが多く、一杯あたりのカロリーも少ないのがポイント(35)。同じように、ブランデーやウイスキーなども、アンチエイジングに効く抗酸化物質が豊富なことで知られています(36)。

実はビールや日本酒にも抗酸化物質は多いのですが、いっぽうで糖質のカロリーが高めなのが難点（37）。カロリーあたりの栄養バランスでは、やはり赤ワインに劣ります。

また、カクテルやサワーなどは、栄養が少ないわりにカロリーが高いケースが多いので、できれば避けたいところ。生グレープフルーツサワーのように、加工レベルが低いものを選んでください。

それでは、お酒の選び方がわかったところで、続いて「飲み方」のポイントも押さえておきましょう。同じアルコールでも、ちょっとしたポイントを守るだけで、体へのダメージは大きく変わります。

・酒と加工食品を一緒に摂らない

まだマウス実験の段階ですが、オメガ6脂肪酸と酒を一緒にとると、メタボや脂肪肝のリスクが激増してしまう可能性が多く示されています（38）。

オメガ6脂肪酸は加工食品に多く含まれているため、たとえばポテチをつまみに酒を飲むのは論外。飲み会で揚げ物を頼むのも、止めたほうがよさそうです。

・飽和脂肪酸を多めに摂る

オメガ6脂肪酸とは異なり、飽和脂肪酸には、アルコールの肝臓ダメージをやわらげる作用が確認されています（39）。

飽和脂肪酸は、乳製品や肉の脂身に多い成分。つまり、赤ワインのお供に肉やチーズをつまむのは、それなりに理にかなった行為なわけです。

・最終的には1日2杯までが理想

多くの疫学データでは、酒量が1日2杯を超えたあたりから体へのダメージが増えていく傾向があります。これは、ビールならロング缶2本、日本酒は2合、ウイスキーはダブル2杯、ワインはボトル半分に相当する量です。

いくら酒の飲み方に気をつけても、このラインを超えたら意味がありません。あらかじめ「飲み会ではグラス2杯まで」と決めておくか、酒の合間に大量の水を飲むなどして、可能な限り摂取量を減らす工夫をしてください。

Column

原始人は、実は肉食ではなかった!

現在では原始人の化石の分析が進んでおり、歯や骨に残る炭素や窒素の痕跡をチェックすることで、人類が何を食べてきたかがわかってきます。

ー440万年前:だいたいヒトがチンパンジーと枝分岐したぐらいの時代。このころの食生活はほぼチンパンジーと同じで、大量のフルーツやナッツ、葉物野菜を食べていた。
ー250万年前:肉を食べ始めた証拠がハッキリ出てきた時代。ここから50万年かけて肉の消費量が増えていく。
ー150万年前:ついに人類が火を使い始め、料理がスタート。栄養の吸収率が高まり、さらに脳が大きくなる。メインの食材は根菜と肉。
ー1万年前:農業の誕生。穀物の摂取量が多くなる。

要するに、長い歴史のなかで、人類は決して肉食がメインだったわけではありません。また、2014年ステレンボッシュ大学の研究チームは、過去に行われた糖質制限ダイエットの実験データから、質が高い19件を選んでメタ分析を行った結果を次のように書いています(40)。

『2年に及ぶ肥満体型の成人のデータを調べたが、摂取カロリーが同じ場合、糖質制限ダイエットとバランス食(糖質の量が多い)のあいだには、体重を減らす効果において、ほとんど何の差も見られなかった』

では、なぜ糖質制限が痩せると言われているのでしょう?

原因1・一時的に体内の水分が減るから

糖質をカットすると、短いあいだに体内の水分も一気に減ります。その理由は、筋肉や内臓に貯蔵されたグリコーゲンが減ってしまうから。グリコーゲンはエネルギーを一時的に保存しておくための大事な物質で、たくさんの糖質と水分でできています。

ところが、糖質を摂らないとグリコーゲンがどんどん消費されていき、同時に体重もハイスピードで減少。もちろん体脂肪が減ったわけではないのですが、短期間でみるみる体重計の数字が変わっていくため、「糖質制限ダイエットはすぐ痩せる!」との印象につながったのでしょう。

原因2・自然と加工食品の量が減るから

現代の加工食品は小麦と砂糖を原料に使ったものがメイン。マジメに糖質制限に取り組むほど、加工食品を口にする機会は減っていくのが自然の流れ。その結果セットポイントが修正され、痩身につながったのでしょう。

厳選！　パレオレシピ

パレオダイエット以下の基準で食材を選んでいきます。

1位 葉物野菜：低カロリーで栄養価が高く、脂肪にもなりにくい
2位 肉・魚・タマゴ：タンパク質が食欲を抑えてくれるうえに、必須脂肪やビタミンも豊富。ただし葉物野菜にくらべると、総カロリーあたりの満足度は低くなる
3位 フルーツ・高糖質な野菜：満足度の面では問題はないものの、糖質が多いぶんだけ、総カロリーに占める栄養価の割合は下がってしまう
4位 良質な油：カロリーが高いわりに栄養価が低く、体脂肪に変わりやすいのが難点。ただし、必須脂肪酸がないと体がうまく働かないので、必ず一定量は必要
5位 穀類：ほぼ糖質と食物繊維でできているため、栄養価が低くなる
6位 加工食品：カロリーが多いわりに栄養は少なく、体脂肪に変わりやすい

では、これらの考え方にもとづいた、代表的なメニューを紹介しましょう。

ボーンブロス

材料

牛骨、または鶏ガラ	1.8kg
水	2.8ℓ
リンゴ酢	大さじ2杯
タマネギ	1個
ニンジン	2本
長ネギ	1本
ローリエ	3枚
ローズマリー	3〜5枝
ニンニク	6かけら
コショウ	少々

作り方

1. 高温のオーブンで牛骨を40分焼く
2. 焼いた牛骨をスロークッカーに入れ、水とリンゴ酢を追加。そのまま室温で30分置く
3. みじん切りにした野菜を鍋に入れて弱火で煮込む。牛骨の場合は48時間、鶏ガラの場合は24時間が目安
4. 煮込んだボーンブロスをジャーに移し、冷蔵庫で4〜6時間冷やす

日本ではなじみが薄いですが、要は牛骨や鶏ガラを煮込んだスープのこと。必須アミノ酸が豊富で、これを飲んだ被験者は免疫力がアップして風邪をひきにくくなり、消化能力も改善したとか（41）。根菜などを煮込み、塩で軽く味つけするだけでも、満腹感が高まります。

パレオパンケーキ

材料

グリーンバナナ……2本
卵……4個
バニラエクストラクト……小さじ2
ココナツオイル、またはエキストラヴァージンオリーブオイル……小さじ3
ベーキングパウダー……小さじ1
塩……少々
ハチミツ

作り方

1. 卵と皮をむいたグリーンバナナをフードプロセッサーにかけ、ペースト状になるまでかき混ぜる
2. 残りの材料をフードプロセッサーに入れてさらに混ぜる
3. フライパンでペーストを焼いて完成。ハチミツをかけて食べる

パレオダイエットでは小麦粉の代わりにグリーンバナナを使います。グリーンバナナは、腸の働きをアップさせるレジスタントスターチが豊富。そこへ、タンパク質が多い卵を加えることで、ただのパンケーキが、栄養価が高い最強のデザートに生まれ変わります。

サツマイモのフリッタータ

材料

卵	8個
サツマイモ	大1本
ズッキーニ	2本
ピーマン	1個
塩コショウ	適量
ココナツオイル	小さじ2杯

作り方

1. フライパンにココナツオイルをひき、スライスしたサツマイモを中火で温める
2. スライスしたズッキーニとピーマンを入れて4分ほど炒める
3. ボウルに卵を入れてかき混ぜ、塩コショウで味つけ
4. .弱火にしてフライパンに卵を投入。固くなるまで温める
5. 完成したフリッタータにパセリなどを振って完成

ビタミンとミネラル、食物繊維が豊富なサツマイモは、積極的に摂るべき食材のひとつ。卵には良質なタンパク質と脂質が含まれるため、組み合わせることでほぼ完璧に近いパレオ食ができあがります。

ほうれん草とベリーのサラダ

材料

ラズベリーまたは ブルーベリー	100g
キウイフルーツ	3個
ほうれん	200g
クルミ	20g
紫玉ねぎ	半分
塩コショウ	適量
オリーブオイル	小さじ3
フルーツビネガー	小さじ2

作り方

1. 小さいボウルにオリーブオイル、フルーツビネガー、塩コショウを入れる
2. ベリーを25gだけつぶして、オリーブオイルやビネガーと混ぜ合わせてドレッシングを作る
3. 大きなボウルに、残ったベリー、ほうれん草、つぶしたクルミ、紫玉ねぎのスライス、キウイを入れて混ぜる
4. サラダにドレッシングをかけて完成

パレオダイエットでは、野菜とフルーツをたくさん食べるのが基本。なかでも、ベリー類とほうれん草はどちらも抗酸化物質が豊富で、アンチエイジングには欠かせません。ドレッシングは酸化した植物油が使われてるのでNG。、オリーブオイルとビネガーで自作しましょう。

アップルサルサ

材料

リンゴ	2~3個
紫タマネギ	半分
トウガラシ	3本
ショウガ	1片
レモン	半分
塩	大さじ1
水	500ml

作り方

1.ざく切りにしたリンゴと、みじん切りにした紫タマネギ、スライスしたトウガラシをボウルで混ぜる
2.ボウルにレモン汁を入れてさらにかき混ぜる
3.1ℓのガラスジャーの底にスライスしたショウガをいれ、その上からボウルの中身をすべて投入
4.ジャーに水と塩を入れて密閉。24~48時間ほど室温で置いて発酵させる
5.冷蔵庫に保存し、ジャーのなかに小さな泡が見えたら食べごろ

発酵食品は、パレオダイエットでもっとも重要な食材のひとつ。現代人は腸内細菌のバランスが崩れているケースが多く、お腹の調子を整えていく必要があるからです。アップルサルサはぬか漬けのように面倒な手入れがいらないので、定期的に食卓に取り入れましょう。

サーロインマリネ

材料

サーロインビーフ……500g
エキストラヴァージン
オリーブオイル……100ml
ニンニク……3片
バジル……3束
パセリ……2束
ローズマリー……3束
タイム……2束
オレガノ……2束
赤ワインビネガー……大さじ3
粗挽きコショウ……少々
塩……少々

作り方

1. ボウルにすべての材料を入れて混ぜ合わせる
2. 肉とマリネ液をジップロックに入れて冷蔵庫で10時間ほど保管
3. 焼く前に室温に戻し、好きな焼き加減で肉を焼く
4. 焼き上がった肉にマリネ液のハーブなどを塗って食べる

良質なタンパク質を摂るには、肉が一番。しかし食肉を高温で調理すると、炭化によって毒性を持った物質が増え、がんの発症リスクが上がってしまうことがわかっています。マリネ液には、AGEsやHAsといった毒性物質を減らす働きがあり、より安全に肉を食べられます。

パレオマヨ

材料

ココナツオイル	200cc
タマゴ	1個
ライムかレモンの汁	小さじ2~3杯分
塩	1.6g

作り方

1. すべての材料をボウルにいれてブレンダーで20秒かき混ぜる
2. 生野菜をつけて食べる

ホームメイドララバー

材料

アーモンド、クルミ、カシューナッツ	1カップ
デーツ	3/4カップ
好きなドライフルーツ	3/4カップ
塩	少々

作り方

1. ナッツをフードプロセッサーにかけて粉状にする
2. デーツとドライフルーツをくわえて、粘り気が出るまでフードプロセッサーにかける
3. サランラップの上に薄く伸ばし、冷蔵庫で1時間保存
4. 好きな大きさにカットして食べる

一般的なマヨネーズは大豆油を使っているためNG。体脂肪になりにくいココナツオイルでマヨネーズを作りましょう。ホームメイドララバーは、外出先で小腹がすいたときに便利。大量のナッツ類をベースに、良質な脂質やビタミン、食物繊維などを手軽に補給できます。

実践編・上級

「プチ断食」をやってみよう！

●レベルに合わせた5段階の断食法

ここまで、加工食品を減らしてセットポイントを治し、本当に体にいい食品だけを取り入れてきました。この時点で、あなたは野生の肉体に大きく近づいているはず。体脂肪が減って引き締まった見た目になり、仕事への集中力もアップしていることでしょう。ここからさらに上を目指すなら、プチ断食がおすすめです。

プチ断食に決まったルールはありませんが、慣れていない人がいきなり丸一日も食事を抜くのは無謀です。プチ断食をやったことがない場合は、まずは手軽なレベルから試してみて、自分の体調と相談しながら進めてください。

レベル1　お腹がすいてないときは食べない

お腹がすいたときにだけ食事をする方法です。「それって断食なの？」と思われるかもしれませんが、お腹が減ってもいないのに、なんとなく習慣だけで食事をしている人は意外なほど多いもの。「本当にお腹が減ったときだけ食べる！」とルールを決めるだけでも、十分にプチ断食として成立します。

1食や2食ぐらいなら、抜いても体にダメージはありません。自分の空腹感に従って、シンプルに食事をしてください。

レベル2　モノマネ断食

「モノマネ断食」は、2015年に南カリフォルニア大学が開発したテクニックです(42)。実験によれば、この断食法を実践した参加者は、体脂肪が減ったのはもちろん、がんや糖尿病のリスクまで下がりました。一つの実験だけで判断するのは早計ですが、試す価値はありそうです。

具体的な方法は、次のようになります。

①自分の維持カロリーを出す

維持カロリーとは、いまの体重をキープするために必要なカロリーのこと。計算法はいろいろありますが、とりあえず「いまの体重（kg）×33」でおおまかな数字を出せばＯＫです。

②目標カロリーを出す

ステップ1で出した維持カロリーに、０・６～０・７の間で好きな数字をかけて目標カロリーを出します。たとえば体重が60kgの人は、維持カロリーが１９８０ｋｃａｌなので、これに０・６～０・７をかけると、だいたい１２００～１４００Ｋｃａｌぐらいがプチ断食期間に摂るべき目標カロリーになります。

③目標カロリーを月に5日間だけ続ける

あとは、ステップ2で出した目標カロリーを、月に5日だけ守り続ければＯＫです。残りの25日はいつもの食事量にもどして構いません。

プチ断食としてはかなりソフトな方法ですが、研究者によれば、維持カロリーを40％減らしただけでも、厳格な断食と同じアンチエンジング効果が得られるとのこと。

精神的なストレスが少ないので、初心者でも手軽に導入できるでしょう。

「毎月第2週めの平日はモノマネ断食をやる！」といったように、あらかじめ決めておくといいかもしれませんね。

レベル3　8時間ダイエット

一日のうち8時間だけ好きなだけ食べて、残りの16時間は何も口にしないというテクニックです。海外では「リーンゲインズ」の愛称で人気の手法で、私も実践しています。一日1食だけ抜けばOKなので、初心者でも取り組みやすいでしょう。

ポイントは以下のとおりです。

①どの時間帯でもいいので、とにかく一日のうちに16時間は何も口にしない（女性は13〜14時間でもOK）
②断食中に口にしていいのは、コーヒー・お茶・水だけ
③断食タイムが終わってから8時間は好きなものを好きなだけ食べてOK

④週に3回は筋トレをする。筋トレの日は炭水化物を食べて脂肪の量を少なめに
⑤運動をしない日は炭水化物をひかえて、脂肪の量を増やす

インドネシア大学が2015年に行った研究によれば、8時間ダイエットを続けた参加者は、カロリー制限をしなかったにも関わらず1か月で500gも体脂肪が減ったとか(13)。食事の時間帯を変えるだけでも、十分なダイエット効果はあるようです。

プチ断食を毎日の習慣にするなら、8時間ダイエットは、もっとも生活に取り入れやすいテクニックのひとつでしょう。

レベル4 5：2ダイエット

5：2ダイエットは2013年に日本でも話題になった方法で、ルールは非常にシンプルです。

①週5日間は好きなだけ食べる
②週2日だけ500Kcal以下に抑える

具体的には、月曜と木曜だけ500kcalの食事を摂ったら、残りの曜日は好きなだけ食べてもOKです。

いまのところ5：2ダイエットについては実験データが少ないのが難点ですが、レベル2で取り上げた「モノマネ断食」の強化版のような内容なので、ちゃんと実践すれば効果はありそうです。

レベル5　日替わり断食

日替わり断食は、5：2ダイエットの上位バージョンです。こちらもルールはシンプル。

①初日に2000kcalの食事をする

②次の日は５００kcalまで制限
③また２０００kcalの食事をする
④次の日はまた５００kcalまで制限

以上のサイクルをひたすらくり返していくだけです。日替わり断食については２０１３年に試験が行われており、このテクニックを使った被験者は、12週間で筋肉が落ちずに体脂肪だけが平均５・２gも減りました（44）。もっとも、一日５００kcalの食事を何度もくり返すのは精神的な負担が大きいので、毎日の習慣にするのはおすすめしません。集中的にダイエットをしたい時期に限って使うべきでしょう。

代表的なプチ断食のテクニックは以上です。

スムーズに体重を落としたいならレベル４以上のプチ断食がおすすめですが、あくまでセットポイントを修正して自然に体脂肪を落としていくのがダイエットの王道。意図的なカロリー制限は、あまりおすすめしません。

いっぽうで、健康や美容のために行うなら、レベル2～3までのプチ断食で十分。私は8時間ダイエットを習慣にしていますが、みなさんは自分に無理のないレベルで実践してください。

●プチ断食のコツと注意点

プチ断食はとてもシンプルなテクニックですが、いくつかのコツを押さえておくと効果が倍増します。重要なポイントを紹介しましょう。

まずは1週間だけ頑張ってみる

いままで一日3食の生活だった人は、プチ断食を始めた直後は空腹に苦しむと思います。私も、最初の1週間は、腹が減って死にそうになりました。

ただし、この期間は、脳の食欲システムを再プログラムするためには欠かせません。食欲を増やすホルモン（グレリン）と、食欲を減らすホルモン（レプチン）の量が少しずつ調整されていき、たいてい1週間で空腹が消えてしまうはずです。

最初の1週間を乗り越えるコツは、とにかく活動的に動き回ること。お腹がすいた状態で静かにしていると、脳がパニックを起こして空腹感が増してしまいます。

逆に空腹を感じた状態でスクワットやHIIT（152ページ）などを行うと、しばらく食欲に悩まずにすむようになります。ぜひお試しください。

プチ断食のあいだは水かお茶、コーヒーだけ

断食中に口にしていいのは、水、お茶、コーヒーの3つだけです。特にコーヒーに含まれるカフェインには、脳の中枢神経を刺激して一時的に空腹をやわらげる効果があります。プチ断食に慣れないうちは最適でしょう。

ちなみに、カロリーゼロのダイエット飲料やゼリーなどは、実際には多少のカロリーがあるのでNG。プチ断食の効果が消えてしまうので注意してください。

体調が悪いときにはプチ断食はしない

そもそもプチ断食とは、体に適度なストレスを与えて細胞に活を入れるためのテクニックです。そのため、体が弱った状態で行うと、不調が悪化してしまう可能性があ

ります。

風邪のときはもちろん、アレルギー症状がひどいとき、お腹の調子が悪いときなどは、プチ断食をしないようにしましょう。なかでも、糖尿病の方などは、断食のダメージで症状が悪化してしまう可能性が高いです。その場合は、絶対にプチ断食は行わないでください。

プチ断食中のエクササイズは軽めに

空腹の状態で軽い運動をすると、全身の代謝が上がったり、筋肉のタンパク質合成力がアップしたりと、さまざまなメリットが得られることがわかっています(45)(46)。私も起き抜けの軽いウォーキングを日課にしていますが、逆に空腹感が減り、その後の仕事の集中力もアップするため、非常に快適です。

ただし、やりすぎはNG。何も食べずにランニングのような負荷の高い運動を行うと、ストレスホルモンが増えすぎて筋肉や免疫システムに悪影響が出てしまいます。あくまで軽いウォーキングを20~30分ぐらいでやめておくのがベストです。

Column

「朝食を食べないと太る」はもはや時代遅れ?

「朝食を食べない人ほど肥満が多い」や「朝食抜きは危険」といった説があり、健康意識が高い人ほど、朝食抜きに対して不安を持つケースが見受けられます。確かに、これまでの研究では、「朝食を食べる人は健康で肥満が少ない」との結論が出ています。たとえば、

—1988～1994年のアメリカ人を対象にしたデータでは、朝食を抜く人ほど摂取カロリーが多く、肥満になりやすい傾向があった(47)。
—2959人を6年にわたって調べた研究によれば、朝食を取る人ほど体重を維持することができていた(48)。

などが有名なところ。しかし、これらの研究には、大きな難点があります。「朝食を抜くような人は、健康に気を使ってないから太りやすいのでは?」という可能性を取り除けないのです。

当然ながら、ちゃんと朝食を食べるような人は、健康意識が高い人が多いでしょう。そういった人たちは、カロリーにも気を使い、定期的にエクササイズをしている可能性が高いはず。その結果、統計では「朝食=痩せる」ように見えてしまうわけです。

つまり、以上のデータだけでは、本当に朝食を抜くと太るのかを判断するのは無理。そこで参考になるのが、2014年にアラバマ大学が行った研究です(49)。これは、283人を対象にした実験で、参加者を「朝食を食べるグループ」と「朝食を食べないグループ」の2つに分けました。

そのうえで、残りの時間はカロリーを気にせず食べてもらったところ、16週間後には次のような違いが出ました。

—朝食を抜いたグループは平均で体重が1.18kg減
—朝食を食べたグループは平均で体重が0.26g増

なんと、朝食を抜いたグループは、昼と夜は好きなだけ食事をしたにも関わらず、体重が減っていたのです。

研究者によれば、朝食を抜いたグループは自然に摂取カロリーが減り、結果的にダイエットにつながったのだとか。まさに、「プチ断食」と同じ効果が出たようです。また、1992年にも同様の実験が行われており、やはり「朝食を抜いたほうが体重は減る」との結果が出ています。どうやら、厳密な実験では「朝食を抜くと太る」という現象は確認できないようです。

もちろん、無理をして朝食を抜く必要はありませんが、いっぽうで「朝食を取らないとデブになるのでは……」と心配する必要もありません。「プチ断食」を試したいときは、自分が取り組みやすい方法を選んでください。

EXTRA

パレオダイエットのおすすサプリ

パレオダイエットでは、すべての栄養素を食事でまかなうのが理想です。サプリを飲んでいる狩猟採集民などいませんからね。

ただし、現代のライフスタイルにおいては、どうしても不足しがちな栄養素が出てきてしまうのも事実です。ここでは、特に現代の日本人の不調に効きそうなサプリメントを紹介します。自分の体調と相談しつつ、取り入れてみてください。

プロバイオティクス

近年の研究では、お腹の具合が悪いとさまざまな不調が起きることがわかっています(50)。下痢や便秘はもちろん、アレルギーや鬱病、肥満、慢性疲労など、あらゆる不具合の原因になりうるのです。

そこでおすすめしたいのが、腸内細菌を配合した「プロバイオティクス」サプリです。

ネットなどでは、「細菌が胃液で死ぬから意味がない」といった意見も見られますが、それは大きな誤解。2016年にコペンハーゲン大学が過去の研究データを精査し、お腹の調子がよくない人にはプロバイオティクスが有効との結論を出しています(51)。

私が使っているのは、AOR社の「Probiotic-3」という商品です。4500億個のバクテリアが入った高力価プロバイオティクスで、他のサプリと違って臨床試験で効果が認められているのが強みです(52)。私の腸にはピッタリだったようで、飲み始めてから3か月でアレルギー症状が緩和されました。気になる方は、iHerb(http://jp.iherb.com/)で探してみてください。

もっとも、腸内フローラの構成は人によって大きく異なるため、プロバイオティクスの効果にはかなりの個人差があります。海外のサプリは入手がめんどうなので、まずは「ビオスリーHi錠」のような安い商品から試していくほうがいいでしょう。

最低でも1か月はプロバイオティクスを続けてみて、何の変化も感じられないようだったら、別の商品を試してください。

レジスタントスターチ

レジスタントスターチは、腸で消化されない食物繊維の一種。腸内にすむ細菌のエサになり、お腹の調子を整えてくれる大事な成分です。

現代人は食物繊維の摂取量が少なく、厚労省の調査によれば、一日の摂取量は平均で一日17gしかありません。いっぽうで狩猟採集民は、平均で一日に42gもの食物繊維を摂っているそうです（53）。狩猟採集民がずっと健康でいられる秘密は、食物繊維にもあるわけですね。

レジスタントスターチは、冷やした白米やグリーンバナナなどに多くふくまれていますが、健康のために冷や飯を食うのは現実的ではありません。そこで、私が取り入れたのが「ボブズレッドミル」のポテトスターチです。ジャガイモのデンプンを粉末にした商品で、成分の7割以上がレジスタントスターチで構成されています。

質感は片栗粉にそっくりで、一日に大さじ1杯を水で溶かして飲めばＯＫ。残念ながら国内では入手しづらいので、前出の．iＨｅｒｂのように日本語が使える海外サイトで検索してみてください。

私の場合は、ポテトスターチを飲み始めてから4週間で明確な効果が表れ、お通じが改善。花粉症とハウスダストアレルギーも劇的に改善しました。こちらも、最低でも1か月は試してみてください。

ビタミンD

ビタミンDは、太陽の光を浴びることで作られる物質。免疫や脳が正しく働くためには欠かせない、必須の栄養素です。

しかし、現代人はあまり外に出ないせいで、どうしても狩猟採集民に比べてビタミンDが不足しがち。食事から大量に摂取するのが難しい栄養素なので、室内にこもって仕事をしているような方は、サプリを使ったほうがいいでしょう。

具体的には一日3000IUぐらいをのめばOK。ビタミンDが足りないと、一気に体調が崩れていくので、くれぐれもご注意ください。

chapter
2

寝る

◆光のコントロール
◆ストレスホルモンに対処する
◆睡眠の質を上げる

理論編

狩猟採集民に不眠症はいない

●睡眠不足で寿命と貯金が減る理由

「食う」の改善が一段落したところで、続いて「寝る」を徹底的に変えていきましょう。もちろん、ここでも参考にするのは狩猟採集民のライフスタイルです。

狩猟採集民の睡眠に関する研究はいくつかありますが、なかでも科学的に信頼性が高いのは、2015年にカリフォルニア大学が行った調査でしょう(1)。タンザニアのハッツァ族やナミビアのサン人、ボリビアのチマネ族などのもとへ研究者が出向き、3年にわたって彼らと寝食をともにしつつ睡眠パターンを記録したのです。

その結果、わかったのは以下の4点でした。

・寝つきが悪い狩猟採集民はひとりもいない

・みんな朝はスッキリと目が覚める
・平均睡眠時間は5・7～7・1時間
・日没後も3時間は起きて活動している

どうやら、狩猟採集民たちは、みんな夜にはグッスリと眠り、朝には完全に疲れが取れているようです。現在の日本人は5人に1人が不眠症だと言いますから、恐ろしいほどの違いですね。

さらに驚くべきは、狩猟採集民たちの睡眠時間が意外と短いことです。タンザニアのハッツァ族などは睡眠時間が6時間を下まわるケースが普通で、それでもまったく睡眠に問題点はみられなかったとか。うらやましい話ですねぇ。

いっぽう日本で暮らす私たちは、平均睡眠が6～7時間を下まわると、とたんに体に悪影響が出はじめます。おもなデータを見ていきましょう。

・寿命が縮む

約24万人の日本人女性を調べたコーホート研究によれば、平均睡眠が6時間以下の女性は乳がんの発症率が激増しました（2）。また、ペンシルベニア大学から出たレビュー論文でも、平均睡眠が6時間より少ないと全身の炎症レベルが上がり、心疾患のリスクがはね上がるとの報告が出ています（3）。

・肌が衰える

睡眠不足が続くと、まず肌に変化が出ます。2008年にウィスコンシン大学が行った調査では、睡眠が少ない人ほど慢性的な肌トラブルが多く、同時に不安やうつ症状を抱えているケースも多かったとか（4）。逆に、よく寝ている人は紫外線のダメージにも強く、傷の治りも早かったそうです。

・とにかく太りやすくなる

睡眠不足には食欲を暴走させる作用があり、肥満の原因になります。たとえば2004年に行われた研究では、500人の男女を13年にわたって調査したところ、一日の睡眠が7時間より少ない場合、8時間睡眠の人より8倍も肥満になりやすかったようです（5）。

・仕事のプレッシャーに弱くなる

プリンストン大学が909人の女性を調べた研究によれば、睡眠の質が悪くなるほど幸福感が減り、仕事のプレッシャーに弱くなりがちだったとか（6）。たいていの人は、年収が減るよりも、睡眠不足のほうが幸福感に与える悪影響は大きいようです。

・貯金が少なくなる

ちょっと変わっているのが、2011年にデューク大学から出た論文。これによれば、睡眠不足により人の経済感覚が狂ってしまい、よりリスクの高い投資やギャンブルに手を出しやすくなるんだとか（7）。どうやら、睡眠時間が足りないと脳内の警戒システムが壊れ、目の前の報酬に飛びつきやすくなってしまうようです。

このように、睡眠不足は心と体に大きなダメージをもたらします。かくいう私も、かつては寝不足が当たり前の生活をしていたため、毎日ボンヤリとした頭で原稿を書いていました。これでは良い仕事ができるはずがありません。

が、逆に言えば、睡眠さえ改善してしまえば、以上の問題点はキレイに解決されます。

目を閉じてジッとしているだけで寿命が延びるのですから、睡眠の改善こそがもっともラクな健康法と言えるかもしれません。

いずれにせよ、睡眠を削ってまで働くのが善しとされたのは、もはや昭和の時代の話。現代社会においては、睡眠こそ最優先の課題にすべきでしょう。

●睡眠不足を左右する4つの要素

狩猟採集民の睡眠時間が日本人よりも少ない理由は、実はまだよくわかっていません。先進国と狩猟採集民のライフスタイルはあまりにも異なるため、ハッキリした原因を見つけにくいからです。

そこで本書では、睡眠環境を、できるだけ狩猟採集民の暮らしに近づけていくことをおすすめします。具体的なポイントは、以下の4つです。

光のコントロール

日中の運動量

ストレスホルモン
睡眠環境

このうちどれが欠けても、私たちの睡眠は野生化されません。さっそく、具体的な対策を見ていきましょう。

実践編・初級

光を制する者は睡眠を制する

●ガジェットを駆使してブルーライトを防げ！

まず手をつけてほしいのが、光のコントロールです。

そもそも太古の人類は、長きにわたって太陽のリズムに従って暮らしていました。そのため、私たちの体には、生まれつき、自然光に反応して睡眠をコントロールするシステムが備わっています。これが、いわゆる「体内時計」です。

しかし、人工照明の登場によって、事態は大きく変わりました。夜でも明るい状態が続くせいで体内時計がパニックを起こし、いつ眠りにつき、いつ目を覚ませばいいのかが、判断できなくなってしまったからです。

この問題を解決するには、意識して光をコントロールしていくしかありません。なかでも問題になるのが、ブルーライトです。具体的な方法を見ていきましょう。

ブルーライトとは、テレビやスマホなどの電子機器から出る青くて強い光のこと。近年の研究では、ブルーライトこそが、睡眠の質を下げる最大の原因のひとつと考えられています。

太古の世界においては、ブルーライトは太陽の光のなかにしか存在しませんでした。ところが人工照明の発達により、現在では夜でもブルーライトが当たり前の状態に。その結果、ヒトの脳は夜なのに「まだ朝だ！」と思い込み、睡眠に必要なホルモン（メラトニン）を分泌しなくなってしまうのです（8）。

2007年にメルボルン大学が行った研究によると、白色蛍光灯（約1000ルクス）の下に1時間いるだけで、睡眠に必要なメラトニンのレベルは半減します（9）。たとえブルーライトの量が少ない照明を使ったとしても、光を浴びる時間が長ければ同じ結果になってしまうわけです。

つまり、普通に室内灯の光を浴び続けただけでも睡眠不足を起こすには十分なのです（10）。特に日本人は、寝る前にスマホを使う人の割合が65％を超えており、さらに事態は深刻かもしれません。

ただし、ブルーライト自体は悪者ではありません。太陽のブルーライトには体内時計を調整する働きがあるため、昼間に十分な太陽の光を浴びないと、やはり睡眠の質は下がってしまうからです。

問題を起こすのは、あくまで夜のブルーライトだけ。日中は最低でも15分は太陽の光を浴びて、十分に体内時計を刺激してください。

以上をふまえたうえで、具体的にブルーライト対策をしていきましょう。

・スマホをブルーライト対応させる

現在のｉＰｈｏｎｅには、ブルーライトの量を減らす機能が標準で付いています。設定アプリから「画面表示と明るさ」に進み、「Ｎｉｇｈｔ Ｓｈｉｆｔ」を選択してください。「時間指定」で開始時間を20時ぐらいに設定しておきましょう。「色温度」は「温かく」を最大にしてください。

また、Ａｎｄｒｏｉｄのスマホには、昔からさまざまなブルーライト対策アプリが公開されています。一番有名なのは「ブルーライト軽減フィルター」というアプリ。起動して光のカット率を設定するだけで完了です。

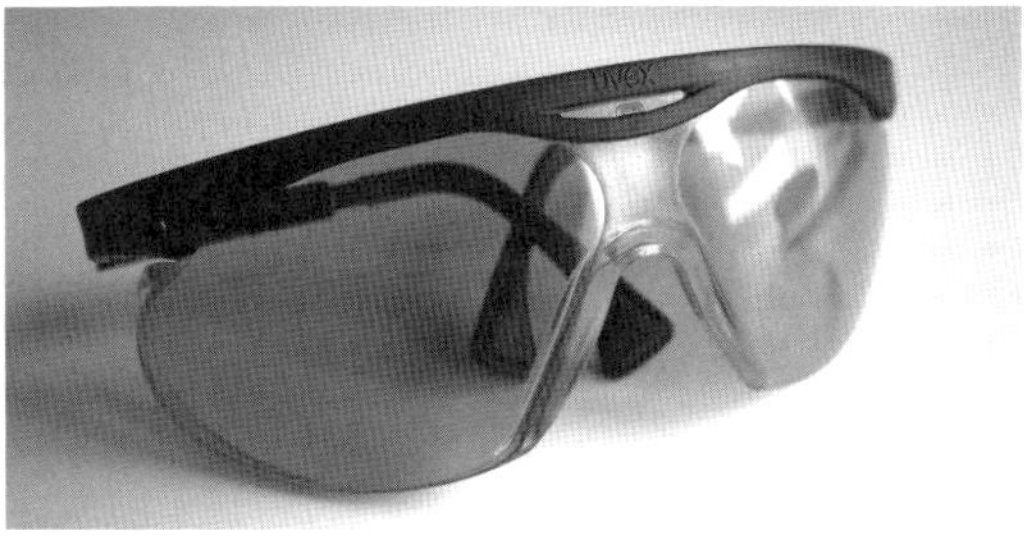

筆者が愛用するオレンジサングラス「S1933X」

・PCにf・luxを導入する

PCのブルーライトも対策しておきましょう。

おすすめは、「f・lux」というフリーソフト。設定した時間になると自動で画面の色温度を調整し、ブルーライトをカットしてくれる優れものです。1600~1800kに設定しておけば、目の疲れ方が格段に違ってきます。

・オレンジのサングラスを使う

ここ数年、PC用のメガネが話題です。液晶モニタのブルーライトを防ぐために作られた商品ですが、個人的にはあまりおすすめしません。というのも、PC用メガネで防げるブルーライトのカット率は非常に低く、f・luxさえ導入しておけば問題ないレベルだからです。

ないよりはマシかもしれませんが、いまのところPC用メガネで睡眠の質が上がったとのデータもありません。各メーカーとも推測で商品を出しているのが現状です。

そこで、私が使っているのがウベックス社のS1933Xという商品。オレンジ色のレンズを使ったサングラスで、本来は屋外スポーツ用のアイウェアですが、ブルーライトを防ぐ効果が高く、近年では睡眠改善アイテムとして使う人が増えています。

PC用メガネと違って研究データも豊富で、たとえば2009年にトレド大学が行った実験では、ベッドに入る3時間前にオレンジのサングラスを着けた被験者は、睡眠の質が大幅に上がったとか（11）。2015年にスイスで行われた実験でも、オレンジのサングラスを1週間使ったグループは、睡眠ホルモンの分泌量が増えたようです（12）。私も、S1933Xを使い出してからは、眠りに落ちるまでのスピードが格段にアップしました。

唯一の問題は、見た目が怪しいところでしょう。自宅でゴツいメガネを着用している姿は、ちょっとした変態としか言いようがありません。家族の目が気になる方は、PC用メガネを使ってください。

・カーテンは遮光に替える

いくらスマホのブルーライトをカットしても、寝室の窓から光が差し込んでいたらすべて水の泡です。夜間の明かりが睡眠の質を下げるというデータは山ほどあり、遮光カーテンを使うだけで格段に眠りは深くなります（13）。

・部屋の照明を暖色系に変える

自宅でブルーライト用のメガネを着けたくない方は、寝室の照明を暖色系の電球に変えるのも手。私はワット数が低いオレンジ系の電球を使っています。かなり室内は暗くなりますが、そのぶんだけ効果も大きく、あきらかに眠りが深くなりました。

かつては赤色電球を使っていましたが、さすがに部屋の雰囲気が怪しくなりすぎたのでやめてしまいました。まぁ、そこまでする必要もないでしょうが。

●睡眠を改善したいなら最低でも一日30分のウォーキングが必要

光を調整したら、次は運動習慣の改善です。運動が健康にいいのは常識ですが、ぐっすり眠るためにもエクササイズは欠かせません。

そこで参考になるのが、2011年にミシシッピ大学が行った研究です（14）。2600人の男女の健康データを使ってエクササイズと睡眠の関係を統計処理したところ、次のような傾向が浮かび上がりました。

・週に150分の運動で睡眠の質は65％アップする
・日中の疲労感や眠気も65％減る
・日中の集中力は45％上がる
・運動のレベルはウォーキングや軽いジョギングでOK

どうやら、軽いウォーキングだけでも、私たちの体は快眠体質に生まれ変われるようです。

もうひとつ、2003年にワシントン大学が行った実験も見てみましょう（15）。BMIが25以上の女性を対象に、1年間のエクササイズ指導を行ったところ、次のような傾向が見られました。

・一日に30分以下の運動だと睡眠の質は上がらない
・ストレッチぐらいの軽い運動でも十分に効果はある
・ベッドに入る前の3時間以内に運動をすると睡眠の質は逆に下がる

つまり、睡眠を改善するために必要な運動の最低ラインは一日30分。軽いストレッチかウォーキングを行い、週に合計１５０〜２１０分の運動時間を目指せばいいようです。ただし、負荷の高い有酸素運動は逆効果なので気をつけてください。

一日30分のウォーキングと聞くと難しそうに思えるかもしれませんが、仕事の合間に軽く散歩でもして運動時間を稼いでいけばＯＫ。細切れでもいいので、とにかく累計で一日に30分以上は体を動かすことが大事です。

実践編・上級

ストレスホルモンに対処しよう！

●不眠の元凶「コルチゾール」を減らす

ストレスも、体内時計を乱す大きな原因のひとつです。ストレスを感じると、私たちの体はコルチゾールというホルモンを出して、脳をシャキッと目覚めさせるにようにできています。たとえば、仕事でトラブルが起きたとたん、急に目が冴えて眠れなくなってしまった経験がある人も多いでしょう。あれは、体内でストレスホルモンが急激に増えたせいで起きる現象です。

この仕組みは、初期の人類がサバンナで暮らしていたころに完成しました。ライオンなどに襲われた際に、瞬時に脳を目覚めさせて逃げ出すためです。

が、これはあくまで短時間の危険に備えるためのシステムなので、現代の慢性的なストレスにはうまく対応できません。仕事がうまくいかなかったり、上司が嫌なヤツだったり、住宅ローンの返済に悩んだりと、長期的なストレスに苦しめられると、私たちの脳は暴走してしまうのです。

この問題を解決するには、コルチゾールの分泌を少しでも減らしていくしかありません。具体的な対策を見ていきましょう。

①健康的な脂肪の量を増やす

コルチゾールは体内の炎症レベルに応じて分泌量が増えていきます。特にオメガ6やトランス脂肪酸といった脂肪は炎症の大きな原因。60ページからの「油のベスト番付」を参考に、まずは健康的な脂肪を増やすのがはじめの一歩です。

②寝る前に炭水化物を食べる

糖質を減らすと体に負担がかかり、コルチゾールが分泌されます。ただし糖質を摂りすぎても睡眠の質は下がるので、適切な量にコントロールしていきましょう。

具体的には、ベッドに入る4~5時間前に根菜類を食べておくのがベスト。

2016年にコロンビア大学が行った実験でも、根菜類を食べた参加者ほど眠りが

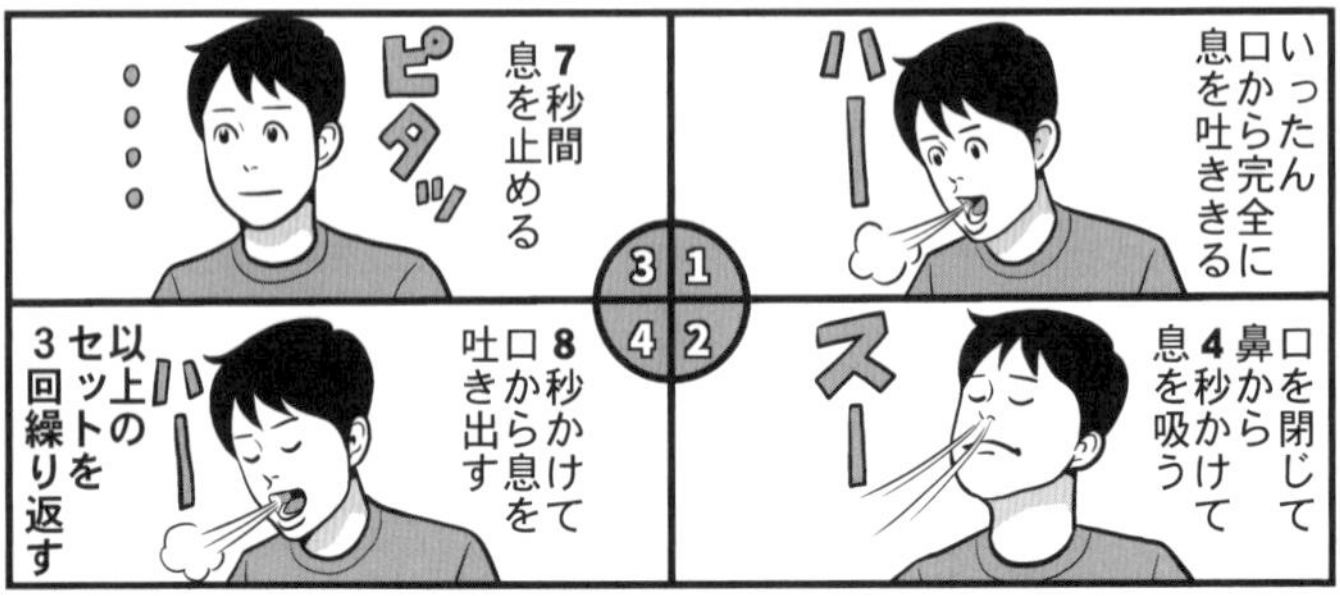

深くなる傾向にあったとの結果が出ています（16）。

③ 478呼吸法を試してみる

深呼吸には、体内のストレスレベルを大幅に下げる効果があります。なかでも睡眠に効くと言われるのが、ヨガの技術をベースに開発された「478呼吸法」です。

1. いったん口から完全に息を吐ききる
2. 口を閉じて鼻から4秒かけて息を吸う
3. 7秒間息を止める
4. 8秒かけて口から息を吐き出す
5. 以上のセットを3回くり返す

この呼吸法を、一日2回のペースで好きなときにトレーニングしていけばOK。ヨガの呼吸法をベースにしたテクニックで、慣れると1分以内に眠れると言われています。

私も実際に試してみましたが、トレーニング開始から2日目でハッキリと心拍数が下がり始め、リラクゼーション反応が出現。トレーニング開始から1週間後には、15秒もたたずに寝落ちできるようになりました。自分でも驚きのスピードです。478呼吸法」が難しいようであれば、他のパターンを使ってもかまいません。現時点で研究データがある呼吸法は以下のとおりです。

・サマ・ヴリッティ

「4秒で吸って4秒で吐く」呼吸法です。2009年にコロンビア大学が行った実験では、この呼吸法をトレーニングした参加者は、血圧の低下や脳神経の鎮静といった現象が起き、睡眠の質が有意に改善しました(17)。

・カパーラバーティ

「鼻からゆっくりと息を吸い、鼻から一気に息を吐き出す呼吸を10回くり返す」呼吸法です。こちらは2011年にカリフォルニア大学が実験を行っており、トレーニングに参加した被験者は睡眠障害が改善しました（18）。

④睡眠環境を整える

最後に、睡眠環境を改善していきましょう。狩猟採集民のように、できるだけ自然な環境のもとで眠り、グッスリと熟睡するのが目標です。

ハーバード大学のダニエル・リーバマン博士によれば、狩猟採集民の多くは次のような環境で眠っているそうです（19）。

・ひとりではなく集団のなかで眠る
・たき火や鳥の声などの環境音が豊富
・かなり硬い寝床を使う
・光とともに起きる

もちろん、現代の日本人が同じ環境で眠るのは不可能ですが、できるだけ近づけていきましょう。具体的なポイントは次のとおりです。

・室温は15・5〜20℃をキープ

ヒトの体内時計は温度に強く反応するため、体温の低下と同時に代謝が落ちはじめ、疲労や眠気が生じる仕組みになっています。多くの研究によれば、部屋の温度は15・5〜20℃に保つのがベスト（20）。これより寒すぎても暖かすぎても睡眠の質は下がります。

・40℃のシャワーを5〜15分浴びる

室温の調節がうまくいかない場合は、寝る直前に40℃のシャワーを5〜15分ほど浴びましょう。眠る前に体を温めておくと、ベッドのなかで体温が下がり始め、その落差によって眠気が生じやすくなります。

２０１０年ノースウェスタン大学が行った実験によれば、ヒトの体はだいたい40℃の水温で筋肉がリラックスし、快眠効果を得やすくなるとのこと（21）。ただし、シャワーが熱すぎると、逆に神経が覚醒してしまうので気をつけてください。

・布団から少し足を出す

さらに体温をコントロールするなら、布団からつま先を少し出して眠るのも有効です。足の血管は熱を逃がしやすい構造になっており、ラジエーターの代わりに使うことができます。アラバマ大学のドートビッチ博士の研究によれば、つま先を布団の外に出すことで急速に体が冷え、結果として深い睡眠に入りやすくなるとのこと（22）。私も実践していますが、とても手軽で効果の高い方法です。

・室内の音は40デシベルまで

騒音も睡眠には悪影響。眠りを妨げない最低ラインは40デシベル以下です（23）。イメージとしては、図書館よりも静かなレベルを目指すといいでしょう。

・ホワイトノイズアプリを使う

騒音で目が覚めてしまうケースが多いときは、ホワイトノイズを使うのがおすすめです。これは、すべての周波数をほぼ均等に備えたノイズのことで、蛇口から垂れる水の音やハードディスクの作動音など、耳ざわりな日常音をやわらげる効果を持っています。

２０１２年に北京大学が行った実験によれば、ホワイトノイズ（またはピンクノイズ）を聞きながら眠った参加者は、脳波が落ち着いたパターンを見せ、実際に睡眠の質が上がったとか（24）。もちろん極端な騒音には効きませんが、かすかな音声が気になってしまうタイプの方は、ぜひお試しください。スマホアプリを使うなら「ＷｈｉｔｅＮｏｉｓｅＦｒｅｅ」が、ＰＣなら「ｓｏｕｎｄｒｏｗｎ」というＷＥＢサービスが定番です。

・環境音アプリを使う

前述のとおり、狩猟採集民は豊富な環境音のなかで眠りにつきます。雨だれや波の音で心が落ち着くという人は多いでしょうが、実際にストックホルム大学の研究でも、自然音がメンタルにいい影響をもたらすことが確認されています（25）。

私の場合は、「ＷｈｉｔｅＮｏｉｓｅＨＱ」という有料アプリを使っています（１２０円）。世界中で録音された高音質なサウンドが使えるほか、自然音とホワイトノイズを組み合わせる機能も備えており、睡眠の改善にはうってつけの一品です。

無料アプリがよければ「ＡｍｂｉｅｎｔＰｌａｙｅｒ」もおすすめ。睡眠の改善に必要な機能はすべてそろっています。

・睡眠モニタリングガジェットを使う

近ごろは、睡眠の質をモニタリングしてくれるガジェットも増えています。私が使っているのは、「Ｓｅｎｓｅ」（センス）という商品。枕の動きから眠りの深さを推測し、最適な睡眠環境を整える手助けをしてくれるおもしろいアイテムです。その日の睡眠の状況をｉＰｈｏｎｅに自動で記録してくれるため、あとから振り返るのにも重宝しています。

そこまで凝ったガジェットは不要なら、スマホのアプリを試すのも手です。「Ｓｌｅｅｐ Ｃｙｃｌｅ ａｌａｒｍ ｃｌｏｃｋ」という定番のアプリをインストールすれば、スマホが睡眠モニタに変わります。ただし、現時点では加速度センサーを使った睡眠計測は精度が低いので、あくまで目安として使ってください。

●不眠対策の最終兵器「睡眠制限法」

ここまでやっても睡眠が改善しない場合は、かなり体内時計にダメージがたまっている可能性があります。そんなときは、不眠改善の最終兵器「睡眠制限法」の出番です。「睡眠制限法」とは、あえて睡眠時間を減らして体内時計をたたき直すテクニックのこと。その効果は折り紙つきで、２０１５年にバーネット大学が行ったメタ分析でも、過去に行われた20の睡眠実験を精査したうえで、「睡眠薬よりも効果がある」との結論を出しています（26）。まさに最終兵器の名にふさわしいテクニックと言えるでしょう。手順は次のとおりです。

①自分の平均睡眠時間を把握する

まずは自分の平均睡眠時間を計測します。ここで大事なのは「ベッドに横になった時間」ではなく、「実際に眠った時間」を計測すること。おおまかな数字でいいので、「ＳｌｅｅｐＣｙｃｌｅ ａｌａｒｍ ｃｌｏｃｋ」などのアプリを使って普段の睡眠量を調べてください。

②ベッドに入る時間を決める

続いて、自分の平均睡眠時間をもとに、眠りにつく時間を決めましょう。たとえば平均睡眠時間が5時間で毎朝7時に起きなければならない場合は、深夜2時が就寝時間になります。ただし、一日の睡眠時間を4時間30分よりも少なくは設定しないでください。

③決めた就寝時間を1～2週間ほど守る

ここで大事なのは、決めた就寝時間になるまで絶対にベッドや布団に入らないこと。「深夜2時に寝る！」と決めたら、その時間までは寝室にすら近づかないのが理想です。もちろん、寝床で読書をしたりスマホを見たりするのは論外なのでご注意を。

④睡眠の質が高まるのを実感する

ステップ①から③までを実践すると、少しずつ睡眠の質が高まっていくのを実感できるはず。目安としては、寝床に入ってから10～20分で眠りにつければＯＫ。そのうち昼間でも眠気が出てきたら大成功です。

⑤少しずつ睡眠時間を増やす

睡眠制限を続けていくと、やがて昼間に眠気が襲ってきます。これは睡眠が改善している証拠なので、就寝時間を15分ずつ早めていきましょう。いままで深夜2時に寝ていた場合は、1時45分に寝床に入ればＯＫです。

あとはステップ③〜⑤をくり返すだけ。睡眠の質が上がったら就寝時間をくり上げ、日中の眠気が無くなるまで続けてください。

「睡眠制限法」のコツは、とにかく決めた就寝時間と起床時間を守ること。寝床に入ってから20分が過ぎても眠れないときは、いったん寝室を出て、眠気が襲ってくるまでほかのことをしてください。最初の3日ぐらいはつらいですが、2〜3週間で驚くほどグッスリ眠れるようになります。

EXTRA

睡眠に効くサプリ

ここからは、睡眠の改善に役立つサプリを紹介します。

くり返しになりますが、パレオダイエットでは、最終的にはサプリを使わずに健康的な暮らしを送るのが理想です。しかし、乱れた生活で体内時計が壊れてしまった場合などは、サプリの力を借りたほうが手っ取り早いでしょう。

本当に効く睡眠サプリは、以下の5つです。

マグネシウム

マグネシウムは必須ミネラルの一種。脳がうまく働くために欠かせない栄養素で、不足すると睡眠の質が一気に悪くなっていきます。特に有酸素運動をすることが多い人は、汗でマグネシウムが流れだしてしまうので気をつけてください。

マグネシウムの効果には実証データも多く、ある研究では、320㎎のマグネシウムを7日間のみ続けた参加者は、不眠が大幅に改善したのはもちろん、寝不足による炎症も減少しました（27）。寝床に入ってもなかなか眠れないという人には、特にオススメです。

使い方は、一日に200～400㎎をのめばOK。まずは2週間ほど試してみてください。マグネシウム自体に眠気を誘う効果はないので、どのタイミングでのんでも大丈夫です。

ちなみに、サプリを買うときは、酸化マグネシウムでなくクエン酸マグネシウムを選んでください。そのほうが体への吸収性が高く、さらに快眠効果が高くなります。私はNOW（ナウ）社のクエン酸マグネシウムを使っています。

メラトニン

もしマグネシウムを2週間続けても改善が見られなければ、メラトニンというサプリを試してみましょう。

メラトニンは、体内時計を調節する働きを持ったホルモンで、入眠までの時間を短くする作用があります。もちろん実証データも豊富で、もっとも効果が認められている睡眠サプリのひとつです（28）。

使い方は、ベッドに入る30〜60分前に0・5㎎をのめばOK。効果が見られなければ、1週間ごとに0・5㎎ずつ増やしていきます。副作用の少ないサプリですが、一日5㎎を超えないよう気をつけてください。

ただし、いまのところメラトニンは国内のサイトでは購入ができません。私はiHerbのような海外サイトから個人輸入しています（輸入量は一度に2か月分まで）。

ラベンダー系サプリ

不眠の原因でありがちなのが、不安や心配のせいで目が冴えてしまうパターンです。仕事の悩みなどで眠れないときは、まずは神経の興奮を抑えるサプリを使ってみてください。

一番のおすすめは、ラベンダーオイルを使ったサプリです。ラベンダーには神経の高ぶりを鎮める効果があり、不眠の改善効果に関するデータも多くそろっています(29)。私が使っているのは、Nature's Way社の「CalmAid」という商品。ラベンダーオイルをカプセル状にした経口用サプリで、1回80㎎を飲むと、かなりのリラックス効果が得られます。仕事のストレスやプライベートの悩みで眠れないという人は、ぜひ試してみてください。ＡｍａｚｏｎやｉＨｅｒｂで購入可能です。

レモンバーム

ラベンダーを1週間ほど使って何も変化がなければ、今度はレモンバームのサプリを使ってみましょう。

レモンバームは高い鎮静作用を持ったハーブで、昔から医療の世界でも使われてきたサプリです。２０１１年の実験では、一日６００㎎の服用で、不眠が42％も改善したとか(30)。神経が高ぶって眠れないような人は、試してみて損はありません。

レモンバームは、ベッドに入る30〜60分前に３００㎎をのんでみて、効果がなければ６００㎎まで増やしていきましょう。レモンバームのサプリは、ＡｍａｚｏｎなどでＮａｔｕｒｅ´ｓＷａｙ社の商品が定番です。

グリシン

夜はなんとか眠れるけれど、朝に目が覚めても頭がスッキリしない、なんだか眠った気がしないという悩みを抱えた人も多いでしょう。

そんなときは、マグネシウムに加えてグリシンを試してみてください。グリシンはアミノ酸の一種で、睡眠の質を高める働きを持っています（31）。Ａｍａｚｏｎなどで廉価なパウダーが販売されているので購入もカンタン。一日３gでＯＫです。

バレリアン・ルート

ただし、一部の実験ではグリシンの効果は短期間しか持続しない可能性も示唆されており、人によっては効果が出ないケースも考えられます。

その場合は、さらにバレリアン・ルートを一日４５０㎎ずつ追加してみるのがおすすめ。バレリアンは昔からストレス解消に使われてきたハーブで、快眠感をアップさせる効果が確認されています（32）。

ベッドに入る30〜60分前までにのんで、朝の目覚めが変わるかどうかチェックしてみましょう。

chapter
3

動く

◆ひたすら歩く
◆〝NEAT〟を増やす
◆週に12分だけ筋トレを行う

理論編

運動の本当の目的とは

●〝痩せるための運動〟をしてはいけない

ここまでの章で、「食う」と「寝る」の改善は終わりました。この時点でも、あなたの体は大幅に野生化され、体調もよくなっているはずです。

そこで、最後にもうひと押し。狩猟採集民のライフスタイルを参考に、「動く」を改善していきましょう。

当然ながら、古代の人類は、マンモスを狩ったり木の実を集めたりしながら暮らしていたため、日常的に体を動かしていました。そのため、私たちの体も、よく動かさないとうまく機能しないように作られています（1）。

といっても、２００万年前の人類の運動量を推測するのは難しいので、パレオダイエットでは、おもに狩猟採集民のデータをもとに、エクササイズの内容を決めていきます。ミズーリ大学のジェームス・オキーフェ博士が2011年に出したレビュー論文によれば、多くの部族の活動パターンは次のようなものです（2）。

- 一日に自然の中を6～16㎞ぐらい歩く
- ときどき、筋トレに近い活動をする（獲物をかついだり、ガケを登ったりなど）
- たまに最大心拍数80％以上の猛ダッシュを行う

つまり、狩猟採集民の運動はウォーキングが基本。およそ7割以上の活動は、ひたすら歩くことに費やされています。

2010年にコロラド州立大学の研究者らが行った推定では、狩猟採集民が一日の活動で消費するカロリーは800～1200kcalとのこと（3）。これは、現代日本人のおよそ3倍の活動量にあたります。すごいですねぇ。

●本当に運動をやるべき3つの理由

具体的なエクササイズの方法に入る前に、ひとつ大事なポイントを押さえておきましょう。それは、「痩せるために運動をしてはいけない」ということです。

というのも、現代の科学では、「運動だけでは痩せられない」が常識。運動で消費されるカロリーは、消費カロリー全体の30％にも満たないため、食事を改善しない限り、体脂肪を減らすのはまず不可能だからです。

具体的なデータを見てみましょう。有名なのはテキサス大学の研究で、１００人の男女に12週間にわたってエクササイズをしてもらいました（４）。参加者の体脂肪は平均35〜40％で、特にカロリー制限は行っていません。

エクササイズの内容は、筋トレを週に3回と、インターバルトレーニングを週に2回ずつ。週に5時間半から6時間のハードな運動を12週にわたって続けたようです。

その結果は、非常に残念なものでした。全員９００gの筋肉がついたまではよかったものの、体脂肪はわずか４５０g減っただけ。平均で体脂肪は１％しか減らなかったのです。２００８年にオクラホマ大学が行った実験も結果は同じで、ハードな運動を週５のペースで10週間ほど続けても、全員の体脂肪は平均で１kgしか落ちなかったとか（５）。運動だけで痩せるのがいかに難しいかがわかります。実際、私も食事を変えただけで、ガリガリになるまで痩せました。体重を落とすだけなら、運動は不要なのです。運動で痩せられないなら、私たちは何のために体を動かすべきなのでしょうか？　ズバリ、目的は次の3つです。

・若返り
・メンタルの改善
・頭を良くする

「若返り」については、くわしく説明するまでもないでしょう。適度な運動は早期死亡のリスクを下げ、見た目も若々しくしてくれます。2011年に台湾で行われた大規模な調査では、1996～2008年のあいだに集計された41万人の健康データを統計処理したところ、一日に15分のウォーキングを行うだけでも心疾患や糖尿病などのリスクが大幅に低下するとの結果が出ました（6）。たった15分でも、アンチエイジングには際立った効果があるわけです。

さらに、エクササイズはうつや不安にも大きな効果を発揮します。もっとも有名なのは1991年にイリノイ大学が行ったメタ分析で、100以上の実験データを分析したところ、一日20分の早歩きでうつと不安が大きく改善したそうです（7）。

さらに2006年のメタ分析では、運動は不安を減らすだけでなく、活力や幸福感を高めてくれることも判明しています（8）。具体的には、30分の早歩きでも十分に効果があり、ポジティブな気分が大幅に高まるようです。

最後に、もうひとつうれしいのが「頭が良くなる」効果。近年のあらゆる研究で、運動が脳に効くことがわかっています。

なかでも代表的なのが、2014年にオランダの研究者が行ったメタ分析でしょう（9）。過去に出た19件の論文から脳と運動に関するデータを精査したところ、一日10分の軽い運動でも、脳の「実行機能」が大幅に上がることがわかったのです。

実行機能とは、脳が決断を下すときに使う能力のこと。仕事で重要な選択をするときはもちろん、コンビニでおにぎりを選ぶような日常的な場面でも使われます。

つまり実行機能が改善すれば、日常のあらゆる作業効率がアップするのは間違いなし。まさに、運動こそが真の脳トレなのです。

●日常の活動レベルを表すNEAT

といっても、いままで運動不足だった人が、いきなり狩猟採集民と同じレベルの活動量を目指すのは無理があります。筋肉や神経が慣れていないため、少しのエクササイズでもオーバーワークになってしまうかもしれません。

私が運動を始めたときも、オーバーワークで大失敗しました。それまで完全な運動不足だったのに、いきなり週5の筋トレと一日90分のランニングというハードスケジュールを決行。最初のころは脳内麻薬が出て気分が良かったものの、ほどなく極度の慢性疲労に襲われてしまいました。

しかも、そのころは30ページで紹介したとおりのガリガリ体型だったため、激しい筋トレに耐え切れずに手首が疲労骨折までする始末。おかげで2か月ほど激痛にのたうちまわるハメになりました。

いままで運動経験がない人は、ジワジワと活動量を増やしていくのが基本。ほんの少しのウォーキングでも、私たちの体は大きく変わります。

そこで知っておきたいのが、「NEAT」（ニート）という考え方です。これは、「非運動性活動熱産生（Non-Exercise Activity Thermogenesis）」の略で、日常生活で消費されるカロリーの合計を意味しています。

あくまで日常の消費カロリーなので、ジムの筋トレやランニングなどで使われるエネルギーはふくまれません。掃除や洗濯、買い物、貧乏ゆすりなど、普段の活動で消費するカロリーだけを合わせた数字になります。いままでエクササイズをしたことがない場合は、まずはNEATの増量を目指すのがベストです。

要するに、「もっと日常的に体を動かそう！」という当たり前の話なのですが、これがなかなかバカにできません。2015年にマドリード工科大学が行った実験によれば、NEATを増やすだけでも、なんと週3のジム通いと同じだけの運動量になるというのです（10）。

この実験は、96人の太りぎみな男女を対象にしたもの。全員に適度なカロリー制限をしてもらったうえで、参加者を以下の2つのグループに分けました。

- **週3で筋トレと有酸素運動を1時間ずつ行う**
- **「エレベーターの代わりに階段を使う」など、まめに体を動かす**

そして22週間後、結果は以下のようになりました。

- **すべての参加者が9～10kgのダイエットに成功**
- **全員の筋力は、同じように発達していた**

つまり、週3でハードな運動とカロリー制限をしても、そのダイエット効果はNEATを増やした場合と変わらなかったわけです。運動を始めたいなら、ジムのメンバーになるよりNEATを増やすのが先でしょう。

もっとも、ひとくちにNEATを増やすのが大事といっても、個人の体力や環境は大きく異なります。ただし、いきなり活動量を増やしすぎると燃え尽きてしまう可能性が大きいため、自分のライフスタイルにあわせて、少しずつNEATを増やしていくのがポイントになってきます。

そこで大事なのが、自分の体脂肪率を把握することです。言うまでもなく、体脂肪率は個人の体力や食生活が大きく反映される重要な数字のひとつ。自分のライフスタイルを映す鏡と言えましょう。

体脂肪率を測る方法はいろいろありますが、市販の体組成計はまだ精度が低いため、積極的にすすめられません。私が使っているTANITAの最新機種も、測定時間によって3％ほどの違いが出ます。あくまで大まかな目安として使うべきでしょう。

そこで本書では、自分の「見た目」だけで体脂肪率を見積もる方法を採用します。鏡に映る自分の姿とイラスト（P46〜50参照）を照らし合わせ、だいたいの体脂肪率を推測するのです。

正確さに欠ける印象が強いかもしれませんが、そんなことはありません。体脂肪率と外見上の印象には強い関連があり、ボディビルダーのあいだでも普通に使われる方法なのです。

体脂肪率の大まかな基準は、次のようになります。

必須脂肪………生きるために必要な脂肪の最低ライン。この数値を下回ると生存に支障が出てきます。

アスリート……プロスポーツ選手に多い体脂肪率です。6つに割れた腹筋を手に入れようと思ったら、このレベルまで体脂肪率を下げる必要があります。

	男性	女性
必須脂肪	2-4%	10-12%
アスリート	6-13%	14-20%
健康体	14-17%	21-24%
ややぽちゃ	18-25%	25-31%
肥満	26%以上	32%以上

健康体……………私たち一般人が目指すのに最適なレベル。まずはこのレベルの体脂肪率を目指すのが最初の目標になります。

ややぽちゃ……このあたりから少しずつ体内の炎症が進み、老化のスピードもあがっていきます。

肥満……………慢性病のリスクが高まるレベルです。

逆に言えば、ここから少しでも体脂肪を減らせば、一気に健康寿命がアップしていきます。

実践編・初級

体脂肪レベル別NEATの増やし方

●まずは一日8000歩のウォーキングから

体脂肪率の目安がついたら、いよいよ実際にNEATを増やしていきましょう。くり返しになりますが、いままで運動経験がまったくない場合は、とにかく急なスタートを切らないのが肝心。自分の体形の変化に合わせて、少しずつ運動量を増やしていきましょう。

レベル1……体脂肪率が男性35％以上、女性40％以上の場合

▼現在の平均NEATレベル：デスクワークがメインで、移動はほとんどが車か電車。自宅でも座りっぱなし。特にエクササイズはしていない。

対策

30〜60分おきに立ちあがって15分の散歩
一日8000歩を目指して歩く
作業デスクの下で使えるステッパーを置く

レベル2 ………… 体脂肪率が男性25%前後、女性30%前後の場合

▼現在の平均NEATレベル：一日8時間以上は座りっぱなしだが、30〜60分おきに立ちあがって軽く歩いている。週に1〜2回ぐらいはエクササイズをしている。

対策

作業机の下で使えるステッパーを置くか、できればスタンディングデスクを導入
少なくとも一日に1時間は立つ時間を設ける
一日10000歩を目指して歩く
週に1回だけ16分のHIITを行う（155ページ参照）

レベル3………体脂肪率が男性15％前後、女性24％前後の場合

▼現在の平均NEATレベル：一日のうちイスに座る時間が5時間以下で、1時間以上は連続して座っていない。30～60分おきに立ちあがって30分以上のウォーキングを行い、週に3～4回のエクササイズをしている。

対策

スタンディングデスクを使うか、できればトレッドミルデスクを導入
ウォーキングの時間を1～2時間に延ばし、一日1万2000歩を目指して歩く
HIITに加えてパレオダイエット式の筋トレをする（164ページ参照）。

レベル4………体脂肪率が男性12％前後、女性20％前後の場合

▼現在の平均NEATレベル：一日のうちイスに座る時間が3時間以下で、1時間以上は連続して座っていない。一日に1～2時間はウォーキングを行い、週に3～4回のエクササイズをしている。

対策

基本的には現状維持でもOKだが、トレッドミルデスクを導入するとベターウォーキングの時間を1～2時間に延ばし、一日15000歩を目指して歩くパレオダイエット式の筋トレを週3に、HIITを週2に増やす

レベル5………体脂肪率が男性10％以下、女性17％以下の場合

▼現在の平均NEATレベル：一日の座る時間が3時間以下で、1時間以上は連続して座らない。週に4～5回のエクササイズと筋トレをしている。

対策

現状維持でOK。これ以上がんばるとストレスホルモンで体を壊す可能性があります。逆に、少し活動量を落としても構いません。

このように、エレベーターやエスカレーターの代わりに階段を使うように意識するだけでも、人間の体は本来の機能を取りもどします。ぜひ意識して歩数を増やしてみ

てください。

●NEATは仕事中でも増やすことができる！

NEATを増やすにあたって、私がまず手をつけたのが「デスクワーク」の短縮でした。というのも、ここ数年の研究により、座りっぱなしの時間が長くなるほど肥満や糖尿のリスクが上がり、メンタルヘルスも悪化し、最終的には寿命まで縮んでしまうことがわかってきたからです。

2015年6月には、イギリス公衆衛生サービスから「オフィスワーカーは最低でも一日に2時間はイスから立つように」との勧告が出たほど(11)。いまや国家レベルでガイドラインが出されるほど、「座り過ぎの弊害」は問題視されているのです。

具体的な数字をあげると、2009年にアメリカで行われた調査によれば、一日6時間以上イスに座っている人は早期死亡率が40%アップ。さらに、テレビを見る時間が一日3時間を超すと、心疾患の発症リスクが64%も高まります(12)。

この数字の正確さについてはまだ議論が分かれていますが、程度の差はあれ、座りっぱなしのライフスタイルが命を削っているのは間違いありません。デスクワークがメインの現代人にとっては、まず解決すべき最重要ポイントだといえます。

先に紹介したイギリス公衆衛生サービスの発表では、デスクワークの弊害を防ぐためのガイドラインは次のようになっています。

・最低でも一日2時間は立つこと。これだけで総死亡率は大幅に下がる。
・最終的には立つ時間を一日4時間まで延ばすのが理想。ここまでやれば、健康リスクを最低限にまで下げられる。

そこで、私が導入したのが、「スタンディングデスク」です。

これは、立ったまま作業ができる作業机のことで、イギリス政府がオフィスワーカーへの使用を広く推奨しているほか、近年ではグーグルやフェイスブックなどのＩＴ企業でも導入されています。

私が使っているのは、ＩＫＥＡから発売中の「ＳＫＡＲＳＴＡ」という商品（1万9990円）。手動のハンドルで自由に高さを変えられるワークデスクで、70

〜120センチのあいだで高さの調整が可能です。机を高くしてもガタつかず、現時点ではベストチョイスでしょう。
ただし、さらに安くすませたいなら、いま使っている机の上に踏み台などを置いてしまうのも手です。まだ日本でスタンディングデスクが手に入らなかったころは、私も机の上に植木用の台を置いて作業をしていました。これなら3000〜5000円ですみます。
立ちっぱなしと聞くとおじけづくかもしれませんが、いざやってみると意外なほど楽なもの。私の体験では、イスに座りたくなったのは最初の2日ぐらいで、1週間もすれば違和感はゼロでした。周囲の体験談を聞いても、だいたい1週間で慣れてしまうケースが多いようです。
ただし、初めてスタンディングデスクを使う場合は、同じ姿勢で立ち続けずに定期的に座って休息してください。同じ姿勢で座り続けるのが体によくないように、同じ姿勢で立ち続けるのも体によくありません。

特に最初の2~3日は筋肉痛や疲労を感じるケースが多いので、30分おきに姿勢を変えたりウォーキングなどで体をほぐしてやるといいでしょう。

●スタンディングデスクで得られる5つのすごい効果

さらに、スタンディングデスクを使って半年も過ぎると、さまざまなメリットが得られます。私が実感した効果は次のようなものでした。

・集中力の波がなくなる

かつては食後や午後になると集中力が途切れてしまい、ついネットをダラダラと見ていたのに、スタンディングデスクを使ってからは、安定したリズムで仕事ができるようになりました。血の巡りがよくなったおかげだと思いますが、原因はよくわかりません。

・作業速度が9・7％改善

ネットの行動ログサービスを使って自分の作業時間を記録してみたところ、1カ月で9・7％ほど作業スピードが上がっていました。個人的な体験なので一般化はできませんが、少なくとも私には効果的だったようです。

・午後2時ごろの眠気が消えた

それまでは午後2時ごろから激しい眠気に襲われていたのが、スタンディングデスクのおかげで完全に解消しました。いまでは、お昼を過ぎても、ほぼノンストップで作業を続けられています。

・肩こりが解消

かつては右肩にベッタリと張り付いていた鈍い痛みがキレイに消えました。立ち仕事で猫背が解消されたからかもしれません。

・IQが20ポイント上がった

個人的にもっとも驚いたのがＩＱの上昇です。定期的に趣味で受けていた知能検査（ＷＡＩＳ－Ⅲ）が、１０１から１２１にアップしたのです。もちろん、この結果は個人的な体験に過ぎませんし、同時に食事の改善に取り組んでいた影響もあるでしょう。

しかし、スタンディングデスクと脳機能の向上については、少しずつ検証が進められています。例えば２０１６年にテキサスＡ＆Ｍ大学が行った実験によれば、34人の高校生が24週間にわたってスタンディングデスクを使ったところ、脳の実行機能とワーキングメモリに改善が見られました（13）。

さらに２０１５年の実験でも、スタンディングデスクを使った小学生は作業の達成度が12％アップしたようです（14）。いずれもまだ初歩研究の段階ですが、今後に期待できる結果といえます。

もっとも、職種によってはスタンディングデスクを導入できないケースも多いでしょう。その場合は、デスクの下に置いて使えるサイクル式のステッパーを使うのもひとつの手。アメリカのベンチャー企業が開発した「Ｃｕｂｉｉ」などは、ヒザがデスクに当たらないようにペダルの角度が設計されており、仕事中でも好きなだけ運動が可能です（15）。また、最近はＡｍａｚｏｎでも、「Ｄｅｓｋ Ｃｙｃｌｅ」という小型のエクササイズバイクを購入できます。それも無理な場合は、せめて30〜60分おきに立ちあがり、座る時間が一日に合計6時間を超えないように気をつけましょう。とにかくこまめに立つだけで、あなたの体は若返ります。

●とりあえず活動量計からスタート！

デスクワークの時間を短縮したら、次に実践すべきはウォーキングです。

前述のとおり、狩猟採集民たちは一日に6〜16kmを歩き、狩りのときは、早歩きで2〜5時間ほどの移動を続けます。当然、パレオダイエット流エクササイズでも、歩き倒すのが基本になるわけです。

もちろん、科学の世界でも、ウォーキングの効果は何度も証明されています。

特に信頼性が高いのは、２０１５年に出たメタ分析です（16）。イギリスの研究者が１８４３人分のデータを精査したところ、日常的な歩数が多くなるほど体脂肪やコレステロールの数値が低く、メンタルや脳の機能にも大幅な向上が見られました。

さらに2015年にケンブリッジ大学が行った研究によれば、一日20分の早歩きを続けると、早期死亡率が16～30％も下がります（17）。まったく運動経験がない場合は、まずはこのラインを目標にしてみましょう。

つまり、別にジムに通ったりしなくても、歩くだけで寿命は延び、頭まで良くなります。まさに、ウォーキングこそは、科学が認めたもっとも手軽で効果的なエクササイズなのです。

そこで、まずはスマホと連動する活動量計を買いましょう。活動量計は、その日の運動量を自動でスマホに記録してくれる便利なガジェット。具体的な活動量が数字でわかるため、毎日の歩数を意識して増やしやすくなります。

実際、2015年に行われた実験によれば、運動不足の男女に16週間ほど活動量計を使ってもらったところ、平均歩数が自然に一日4000歩から8000歩にまでアップしたとか（18）。運動のモチベーションが上がらないという方は、ぜひ使ってみてください。

現在では、「Fitbit」や「UP24 by Jawbone」など、いろいろな価格帯の活動量計が発売されています。私は「MISFIT FLASH」というリストバンド型の活動量計を使っていますが、ぶっちゃけ計測の精度はどれもほとんど変わりません。

値段が高いからといって数値が正確になるわけでもないので、デザインと価格で好きなものを選びましょう。とにかく安いものが欲しいなら、価格と機能のバランスがいい「Ｆｉｔｂｉｔ Ｚｉｐ」がベストです。

Column

最強の老化防止アイテム「トレッドミルデスク」

いくらウォーキングが体にいいといっても、私のようにデスクワークが中心の人間が、急に散歩の時間を作るのは困難です。そこで導入したのが、「トレッドミルデスク」でした。

トレッドミルデスクは、スタンディングデスクにルームランナーを組み合わせた健康ガジェットのこと。海外ではメジャーな商品で、近年ではITベンチャーなどのオフィスに採用されるケースも増えてきました。

ただし、海外製のトレッドミルデスクは安くても20万円はするため、気軽に手が出せません。サイズもアメリカ仕様なので、日本の住宅で使うのは困難です。いろいろと考えた末、IKEAのスタンディングデスクに、安いルームランナーを組み合わせることにしました。

購入したのは、「PURE RISE(ピュアライズ)」のウォーキングマシン。タテ108cm×ヨコ51cmのコンパクトサイズで、値段は1万5380円。これならスタンディングデスクと合わせても3万5370円で済みます。最高のアンチエイジングアイテムが、4万円以下で手に入ると思えば安い出費でしょう。

NEATの研究で有名なジェームズ・レヴィン医師は、トレッドミルデスクによる1時間あたりの消費カロリーを、以下のように試算しています(19)。

座りっぱなしのデスクワーク:5〜10kcal
スタンディングデスク:10〜20kcal
トレッドミルデスク(時速1.6km):80〜100kcal
(時速3.2km):130〜150kcal
(時速4.8km):180〜200kcal

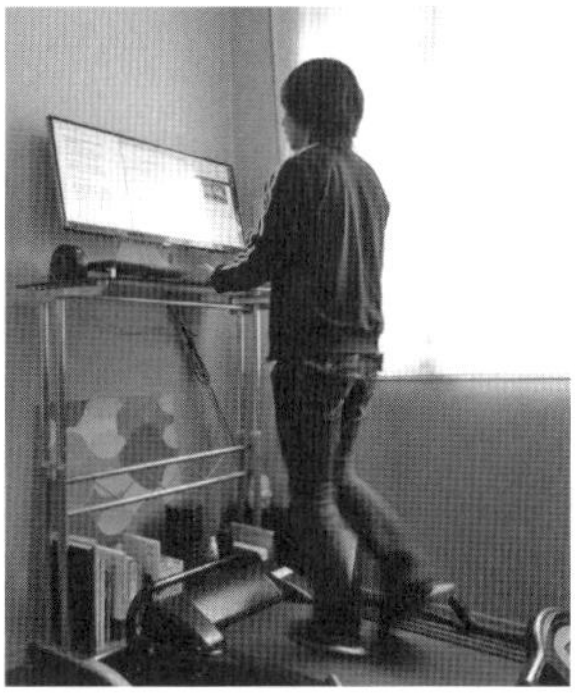

私はいつも時速3.5キロで原稿を書いているので、イスに座って仕事をしていたころに比べて約19倍ものカロリーを消費していることになります。時速5キロを超えるとさすがにキーボードを打つのがつらくなりますが、時速4キロぐらいまでなら問題なし。細かな画像処理もできるレベルです。また、血流がよくなるせいか、頭がスッキリして作業も快適に進みます。2014年にインディアナ大学が行った実験でも、トレッドミルデスクを使った参加者は、ストレスの低下とモチベーションアップの効果が得られたそうです(20)。

実践編・上級①

究極エクササイズ「HIIT」を始めよう

●「HIIT」で得られる4つのすごいメリット

さらに野生の肉体を目指すなら、HIITを取り入れるのがオススメです。

HIITは「ハイ・インテンシティ・インターバル・トレーニング」（高強度休憩訓練）の略で、短時間だけハードな運動を行うエクササイズ法です。

前章でも紹介したとおり、多くの狩猟採集民たちは、週に1回のペースで最大心拍数が80%を超えるハードな運動をしています。猛獣から逃げたり、仲間と駆けっこをしたりと、その内容はさまざまですが、とにかく定期的に思いっきり体を動かしているわけですね。

このような、狩猟採集民のライフスタイルを取り入れるのに最適なのが、HIITのテクニックです。具体的な例をあげると、以下のようなメニューになります。

①30秒だけ限界まで猛ダッシュ
②10秒だけ休む
③再び30秒だけ限界まで猛ダッシュ
④10秒だけ休む
⑤1〜4までのステップを数回くり返す

1回のセットが終わるのに平均で4分。長くても30分はかかりません。非常にシンプルなテクニックですが、これだけで、ランニングのような長時間のエクササイズよりも多くのメリットが得られます。

①週に16分だけでも効果がある

HIITの最大のメリットは、とにかく短時間で大きく身体機能が上がるところです。

たとえば2013年に行われた実験によれば、10分のHIITを週に3回のペースで行った参加者は、体脂肪を燃やす能力が飛躍的に高まり、基礎代謝が平均で143kcalもアップしました（21）。

研究者は次のように言います。

「時間がなくて運動ができない人は、HIITを使うのが有効だろう。短時間でより大きな成果をあげるという点では、HIITより効果が高いものはない」

HIITで効果を出すには、週に16分でも十分。運動の時間がない人は、とりあえずHIITを試してみるといいでしょう。

②空腹感に苦しまなくなる

HIITには、空腹感を減らす効果もあります。HIITを行うと、脳の「報酬系」と呼ばれるエリアが活性化し、美味しそうな食事を見ても食欲がわかなくなるのです。

たとえば、アバディーン大学が2013年に行った実験では、HIITを行った参加者は、何も運動をしなかった参加者にくらべて58％も食欲が減ったとか（22）。ダイエット中の食欲コントロールにも、HIITはオススメです。

③寿命が延びる

2013年にクイーンズランド大学が行ったメタ分析（23）では、HIITは一般的な有酸素運動のおよそ2倍のスピードで心肺機能がアップすることがわかりました。さらに2008年にニューサウスウェールズ大学から出た論文によれば、HIITにはランニングの2倍もの効率で糖代謝を改善するパワーがあるそうです（24）。

言うまでもなく、体力は寿命のバロメーターです。人間の寿命について調べた2014年のメタ分析でも、心肺機能が低い人は、体力がある人にくらべて早く死ぬ確率が2・42倍もはね上がったとの結果が出ています（25）。この数字は、肥満体型でも普通体型でもほぼ変わりません。

つまり、心肺機能が効率よくアップするHIITこそ、最強の長生きエクササイズだと言えるでしょう。

④アンチエイジングにも効く

HIITは体内の炎症を抑える作用が強く、細胞レベルで全身を若返らせてくれます。

具体的な例としては、2015年にノルウェー大学が行った実験が有名です（26）。18名の女性に、1回35分のHIITを週2のペースで続けてもらったところ、10週間で全身の炎症が劇的に減り、関節炎なども治ってしまいました。

体内の炎症はアンチエイジングの大敵。炎症のレベルが高いほど、肌荒れや乾燥が起き、老けた見た目になってしまうことがわかっています（27）。定期的なHIITで体内の炎症を抑え、体を内側から若返らせましょう！

●HIITの効果を倍にする4つのポイント

HIITはシンプルで効果が高いメソッドですが、各自の体力にあったトレーニングをしないと、せっかくの効果が薄れてしまいます。自分にとって最適なラインを見つけるためのポイントを紹介しましょう。

①運動と休憩のバランスは2：1が基本

HIITにおける最大のポイントは、運動と休憩時間のバランスです。休憩が長

代表的なHITメニュー例

100mダッシュ

全力の100mダッシュをくり返す方法。他のメニューにくらべて休憩時間が長いため、HIITの初心者に向き。足の筋肉を重点的に鍛えられるので、代謝アップにも良い。

❶ 3分ほど軽く走ってウォームアップ
❷ 100mを猛ダッシュ
❸ 1分の休憩
❹ 再び100mを猛ダッシュ
❺ 1分休憩
❷~❺の手順を8回くり返す

10-20-30トレーニング

デンマークのコペンハーゲン大学が開発したトレーニング法です。2016年の実験によれば、132人の参加者に1回12分の「10-20-30トレーニング」を8週間続けてもらったところ、一日45分のランニングをしたグループよりも血圧と持久力が改善した(28)。ランニングに比べて約3.75倍の時短効果。

❶ 30秒ほど時速5~6kmぐらいのゆっくりした速度で走る
❷ 20秒だけもうちょい速く走る(時速8~9kmぐらい)
❸ 最後の10秒は全力ダッシュ
(※❶~❸を4回くり返す)

この方法は、他のメニューにくらべて全力を出す時間が短いのがポイント。精神的なツラさが少ないので取り組みやすい。

SITプロトコル

マクマスター大学のマーティン・ギバラ博士によるトレーニング法。2016年の実験によれば、10分の「SITプロトコル」で50分のランニングと同じ体力アップ効果が得られた(29)。ランニングの5倍の時短効果。

❶ 2分のウォームアップ
❷ 20秒だけ全力でダッシュ
❸ 2分ほど軽くジョギング
❹ 20秒だけ全力でダッシュ
❺ 2分ほど軽くジョギング
❻ 20秒だけ全力でダッシュ
❼ 3分のクールダウン

タバタ式トレーニング

日本の田畑泉博士が編み出したトレーニング法。数あるHIITのなかでもっとも体力アップの効果が高いと言われる。

❶ 3分ほど軽く走ってウォームアップ
❷ 20秒の猛ダッシュ
❸ 10秒休憩
❹ 2~3の手順を8回くり返す
❺ 1分のクールダウン

すぎると心肺機能がアップしませんし、逆に運動の負荷が強すぎるとオーバーワークになってしまいます。

2014年にカリフォルニア大学が最適なHIITのバランスを調べたところ、次のような結論が得られました（30）。

「HIITにおける最適な割合は2：1だ。4分のスプリントに対して1分の休憩しか取らないと、しっかりと運動を続けられなくなってしまう。かといって休憩を4分にまで延ばしても2分の休憩と効果は変わらない」

つまり、運動と休憩のバランスは2：1がベスト。たとえば20秒のダッシュをしたら10秒の休憩、1分のダッシュなら30秒の休憩が最適ラインになります。

HIITにはいろんなパターンがありますが、まずは2：1のバランスを目安に、自分にとって最適な時間配分を探してみてください。

②「もう体が1ミリも動かない！」レベルまで自分を追い込む

次に大事なのが運動の強度です。短い時間で自分をギリギリまで追い込むのがHIITの重要なポイント。ここでラクをすると、効果が半減してしまいます。

１９９９年の実験によれば、最大パワーの50～70％ぐらいの力でＨＩＩＴをやると効果が激減するとのこと（31）。ＨＩＩＴを正しく行うには、最大パワーの80～90％を使い切る必要があります。

たとえばタバタ式トレーニングをする場合は、

・20秒だけ「もうダメだ！」というレベルまで体を動かす
・10秒の休憩でできるだけ体力を回復させる

という作業のくり返しになります。とにかく自分を追い込むことを意識してください。

③ 休憩時間も動きを止めない

ＨＩＩＴのメリットを最大まで引き出すには、休憩中も動きを止めてはいけません。全力で体を動かしたあとも、軽い足ぶみやウォーキングを続けましょう。

実際、２００１年の調査でも、休憩中に軽いウォーキングを行うことで体内に乳酸がたまっていき、体力がアップしやすくなることがわかっています（32）。

④定期的に強度を増やし続ける

筋トレと同じように、ＨＩＩＴも定期的に負荷をあげていかないと効果が半減してしまいます。それまでのメニューがラクにこなせるようになったら、少しだけエクササイズの強度をあげてみてください。

負荷を増やすタイミングについてはまだ明確なガイドラインがありませんが、多くの実験データを見ていると、週に16分のＨＩＩＴを6～8週間ほど続けたあたりで体力レベルが上がるケースが多いようです（33）。だいたい１か月半を目安に、自分の体力と相談しながら強度をあげてみてください。

⑤タイマーは必須

ＨＩＩＴは細かい時間の管理が必要なテクニックです。あらかじめ専用のタイマーを用意しておくと便利でしょう。

私は「Ｉｎｔｅｒｖａｌ Ｔｉｍｅｒ－Ｔｉｍｉｎｇ ｆｏｒ ＨＩＩＴ Ｔｒａｉｎｉｎｇ ａｎｄ Ｗｏｒｋｏｕｔｓ」という無料アプリを使っていますが、どのアプリも機能的な差はほとんどないので、デザインで選べばＯＫです。

●ＨＩＩＴの効果を高めるサプリ3種

ＨＩＩＴに役立つサプリも紹介しておきましょう。２０１０年にオクラホマ大学が行った実験によれば、次の３つのサプリを使うことで、ＨＩＩＴの効果を高めることが可能です（34）。

クレアチン

クレアチンは、全身の細胞が使うエネルギーになる成分です。スポーツの世界では昔から実証データが多く、ＨＩＩＴの効率をあげてくれるほかにも、筋肉量を増やしたり（35）、心肺機能を高める効果を持っています（36）。

ちなみに、ネットショップではいろんな種類のクレアチンが販売されていますが、「モノハイドレート」を選ぶのがベストです。体への吸収率がもっとも高く、そのわりに安い価格で購入できます。

使い方は、ＨＩＩＴを行う30分前に５ｇを飲めばＯＫ。体質によっては吐き気が出るケースもあるので、たっぷり水分を補給をしながらのむようにしてください。

カフェイン

一般的には眠気覚ましに使われるサプリですが、実はエクササイズの効果をアップさせる効果も認められています。カフェインの代謝物が筋肉内のカルシウムイオンを増やして、よりパワーが出やすいようにしてくれるからです（37）。

ＨＩＩＴ用に使うときは、運動の30〜60分前に４００〜６００㎎をのんでください。ただし、毎日のむと耐性ができてしまうので、効果が弱くなったと思ったら、１週間ほど服用を止めてください。

ＢＣＡＡ

ＢＣＡＡは分岐鎖アミノ酸の略で、トレーニングの前後にのむことで、ＨＩＩＴの疲労感を減らす作用が確認されています（38）。ＨＩＩＴの前に10ｇをのめば、効果が得られるでしょう。ただし、ＢＣＡＡは鶏肉や牛肉などのお肉や、ホエイプロテインなどにも豊富にふくまれています。普段から肉やホエイプロテインを摂っている人であれば、追加でＢＣＡＡのサプリを使う必要はありません。

実践編・上級②

もうひと押しほしい人は、パレオ式筋トレ

●パレオダイエット式の筋トレは「5種目」だけ

毎日のウォーキングと週に16分のＨＩＩＴさえ続ければ、だいたい1～2カ月で体調は大きく改善し、ポジティブな気分も高まっていきます。人によっては軽く腹筋も割れ、見た目も大幅に若返るでしょう。

スリムな体形をキープし、いきいきと毎日を暮らすのが目的なら、ここから先に進む必要はありません。あなたの体は、すでに十分に野生化されています。

が、もしも、かつての私のように「もっと体を大きくしたい……」や「もっと疲れない肉体を手に入れたい」といった希望があるなら、ここで最後にもうひと押し。パレオダイエット式の「筋肉トレーニング」を取り入れてみてください。

前章でも紹介したとおり、多くの狩猟採集民たちは、現代の筋トレに似たような活動を定期的に行っています。もちろんダンベルを使うわけではなく、仕留めた獲物を

かついだり、水場から飲料水を運んだりと、日々の暮らしのなかで、自然に筋肉を使っているのです。

パレオダイエット式の筋トレでは、こういった狩猟採集民のライフスタイルを参考に、具体的なメニューを組み立てていきます。

といっても、難しいことは何もありません。世の中にはいろいろな筋トレメニューが存在しますが、パレオダイエット式の筋トレにおいては、やるべき種目は次の5つだけです。

- スクワット
- プッシュアップ
- ダンベルロウ
- リバースランジ
- オーバーヘッドプレス

「それだけ？」と思われるかもしれませんが、2010年にミズーリ大学が行った調査によれば、狩猟採集民が狩りなどを行う場面では、この5種目に近い動きをすることがわかっています（39）。

実際、この5つさえやっておけば全身の筋肉はほぼ鍛えられますし、人体の骨や筋肉の構造からみても関節に無理がかかりません。

ボディビルダーやフィットネスモデルでもない限り、日常的な筋トレはこの5つで十分。その他のトレーニング法はケガの危険も多く、素人が手を出すほどのメリットはありません。まずは、基本の5種目を極めましょう！

●「週に12分」でOK！

筋トレの時間が短くてすむのも、パレオダイエット式筋トレの大きな特徴です。

前述のミズーリ大学の調査によれば、狩猟採集民が激しく筋肉を使うのは、多くても週に2〜3回とのこと。それも、1回の活動には数分しかかけないため、彼らが筋肉を酷使する時間は意外と短いようです。

また、近年の研究では、驚くほど短い時間の筋トレで、筋肉は十分に発達することがわかってきました。

もっとも有名なのは、2009年にブルーリッジ病院のマクガフ博士が発表した研究です(40)。マクガフ博士は、1997年から15万時間もの実験をくり返し、筋肉の発達に必要な最低限のトレーニング時間を調査しました。

その結論は、なんと「週に12分の筋トレでも筋肉は十分に発達する」というもの。1カ月続けても、たった48分しかかからない計算です。

いかにも怪しそうな研究に思えるかもしれませんが、実は、マクガフ博士が出した結論は、さほど目新しいものではありません。過去に行われたさまざまな実験でも、似たような結果が出ているからです。

たとえば1990年にメディスン大学が行った実験では、112人の男女を対象に「週1の筋トレ」と「週3の筋トレ」の比較をしたところ、2週間後には全員の筋力が40％ずつアップしていました(41)。どうやら、週に1回の短いトレーニングでも、ちゃんと筋肉は発達するようです。時間のない現代人にとっては、なんともありがたい話ですよね。

パレオ式筋トレは、いずれも人間にとって基本的な動作ばかりなので、迷うことは

ダンベルスクワット

筋トレ初心者なら、ダンベルを持たずに行ってもかまいません。ダンベルを両サイドに持ち、ヒザが90度になるまで深く腰を落としましょう。難なく12回連続でできるようになったら、500gずつダンベルを重くしていってください。

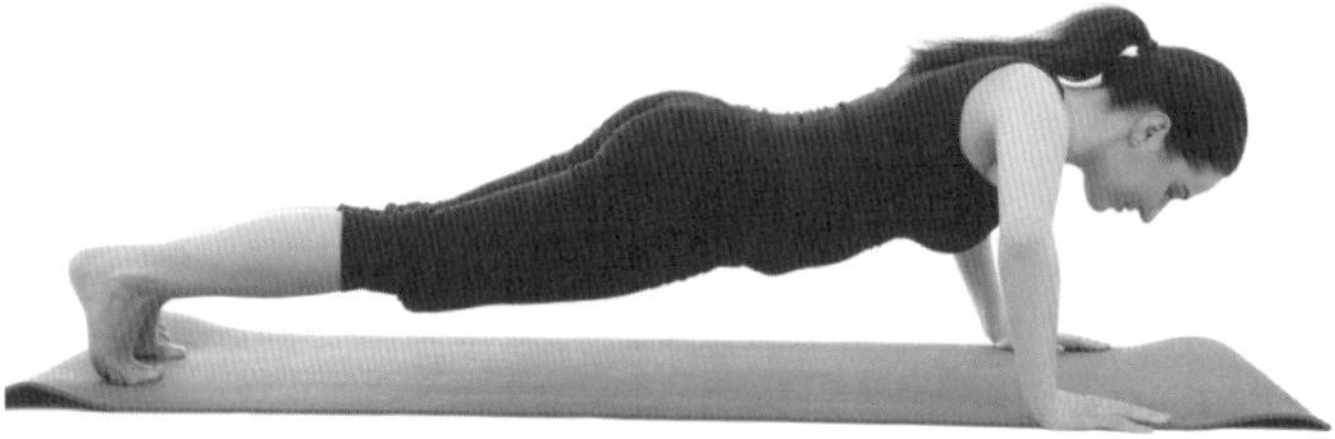

プッシュアップ

普通の「腕立て伏せ」です。上半身を下げるときは、両ヒジが横に広がらないように気をつけましょう。目線は1mほど前方に。下を向くと背中が丸まってしまいます。難なく12回連続でできるようになったら、両足をイスの上など高い位置に置いて負荷を高めましょう。

ダンベルロウ

3〜5kgのダンベルを、背中の筋肉を使って引き上げます。腕の力ではなく、あくまで背筋（肩甲骨のあたり）を使うように意識しましょう。難なく12回連続でできるようになったら、500gずつダンベルを重くしていってください。

リバースランジ

足を交互に後ろに下げて、ヒザが90度に曲がるまで腰を沈めます。ヒザを前に突き出したり、内側にならないよう注意。上半身は、前に傾かないようにしてください。難なく12回連続できるようになったら、ダンベルを持って行います。

ダンベルオーバーヘッドプレス

両手にダンベルを持ち、肩の筋肉を意識しながらあげていきます。引き締まった二の腕や肩をつくるのに役立ちます。このとき、ダンベルは垂直にあげ、体が後方へ反らないように。反ると腰を痛めるので注意してください。

ないでしょう。ここでもっとも大事なのは、「もう1ミリも体を動かせない！」というレベルまで筋肉を疲れさせること。これさえ達成できれば、筋肉は確実に成長します（42）。

急に重いダンベルを使うとケガの可能性が高くなるので、基本的には1セット8〜12回ぐらいで限界がくるレベルの負荷で行うのが無難。各メニューを1〜3セットの範囲で行い、セットごとに1〜2分の休憩を入れるのが、初心者にはもっとも取り組みやすいでしょう。

週にたった12分で効果は絶大。ダマされたと思ってやってみてください。

EXTRA

パレオ式筋トレの効果を高めるサプリ

筋トレに近道はありません。筋肉を発達させるには、しっかり栄養を摂りつつ、定期的にトレーニングを重ねていくのが唯一の方法です。

が、その効率を、少しだけアップしてくれるサプリならいくつか存在します。筋トレ系のサプリにはインチキなものが多いですが、以下に取り上げる商品は、いずれも実験で効果が確認されたものだけをチョイスしました。本格的なトレーニングに取り組みたい方は、試してみてください。

ベータアラニン

ベータアラニンは、アミノ酸の一種です。体内でカルノシンという成分に変わり、筋肉の疲労を抑えてくれます(43)。つまり、ベータアラニンをのむと持久力が高まり、トレーニングをしても疲れにくくなるわけです。

使い方は、一日に2~5gをのめばOK。食事と一緒に摂ったほうが吸収率はアップします。

ビートルート

ビートルートは、ボルシチの材料などに使われる西洋野菜です。硝酸塩を豊富にふくみ、体内の一酸化窒素レベルをあげてくれます。

一酸化窒素が増えると血流がよくなり、全身の持久力や筋力も大きくアップ。最終的に、筋肉の発達スピードが速くなることがわかっています(44)。

といっても、日本ではビートルートを使ったサプリは手に入りにくいため、葉物野菜を使ったスムージーを飲むほうが現実的かもしれません。トレーニングの1~2時間前までに、ほうれん草やレタス、ルッコラなどを500gぐらい摂っておけば、十分な量の硝酸塩を取り込むことができます。

ホエイプロテイン

筋トレサプリの定番といえばプロテインです。

もちろん実証データも多く、ホエイプロテインにふくまれるロイシンというアミノ酸により、分子レベルで筋肉の量をアップしてくれることが、多くの実験で明らかになっています(45)。

プロテインにはいろいろな種類がありますが、なかでもオススメはホエイプロテイン。ほかのプロテインにくらべて吸収率が高く、筋肉を増やす目的に向いています(46)。

使い方は、トレーニングの後に20gをのめばOK。それ以上の量をのんでも、うまく体に吸収されず、ムダになってしまう可能性があるので注意してください。

マルトデキストリン

マルトデキストリンは、糖質の一種です。糖質は筋肉のエネルギー源になるため、効率のよい筋トレには欠かせません。ある研究によれば、トレーニングの15〜30分前に50〜75gの糖質を摂った参加者は、より大きなパワーを出すことが可能になったそうです(47)。

ちなみに、ここではマルトデキストリンを取り上げましたが、実際は糖質であれば何を選んでも構いません。バナナでもオニギリでもいいので、自分の好きな食事で糖質も補給してください。

Column

狩猟採集民って早死にじゃないの?

パレオダイエットは、狩猟採集民のライフスタイルに学ぶ健康法です。

こう言うと、なかには「狩猟採集民は寿命が短いだけでは?」という疑問を持つ人も多いでしょう。

確かに、一般的な狩猟採集民の平均寿命は45歳しかありません。「短命な人たちの暮らしを参考にしてどうするの?」と思うのも当然でしょう。

が、狩猟採集民が短命というイメージは迷信です。

2007年、カリフォルニア大学が1960〜1990年代に行われた人類学の研究データを分析し、あらためて狩猟採集民の寿命に関する調査を行いました(48)。この論文では数百を超す論文を精査しており、現時点ではもっとも科学的に信頼がおける内容だといえるでしょう。


その結論は、次のようなものでした。

・未開の狩猟採集民は、15才までに43%が感染症で死ぬ
・子どもの死亡率を除くと、狩猟採集民の平均寿命は78歳ぐらいになる

つまり、狩猟採集民はワクチンなどが使えないないせいで乳幼児の死亡率が高く、そのために平均寿命が低く出てしまうのです。実際には、狩猟採集民はイメージよりもかなり長生きなんですね。

もちろん、平均寿命が78歳という数字は、先進国の平均寿命と比べればまだ短命ではあります。しかし、これは狩猟採集民の世界には延命治療はありませんし、寿命をまっとうした狩猟採集民たちは、死の直前までピンピンしているケースが多いようです。

逆に言えば、都会で暮らす現代人は「長生きだけど不健康」と言えるかもしれません。

まとめ　目的別・最低限実行すべきなのはこれ！

ここまで様々なメソッドを紹介してきましたが、すべてを一気に実践するのは不可能でしょう。何事も、少しずつ変えていくのが成功のコツです。そこで最後に、本書の内容をどこまで実生活に取り入れるべきかの目安をお伝えします。自分の目標に合わせて、無理のない範囲でライフスタイルを変えてみてください。

①本格的に体質改善を目指す場合

アレルギーや慢性疲労などの不調をやわらげ、本格的に生活の質を上げていきたいなら、できるだけ厳格なパレオダイエットに取り組むのがおすすめです。具体的なガイドラインは次のようになります。

・食う

まずは加工食品を完全にカットした生活を、１か月だけ続けてください。その際に、乳製品、卵、豆類、小麦類、ナス科の野菜（トマトやピーマンなど）も排除しておくと、さらに体質を改善しやすくなります。これらの食材は、人によっては不調を引き起こす可能性が高いからです。

1か月が過ぎたら、自分の体調と相談しつつ、セットポイント修正プログラム（45ページ）の「レベル5」以上を実践しましょう。この時点でまだ不調が改善しないようであれば、さらに1週間ほど厳格なパレオダイエットを続けて様子をみてください。また、プチ断食に関しては、レベル1の「お腹が空いてないときは食べない」を守るだけでOKです。

・寝る

体質改善には良質な睡眠が欠かせません。特にアレルギー体質の人は睡眠を多めに取る必要があるため、本書で取り上げた快眠テクニックをすべて使うぐらいの意気込みが必要になります。

・動く

アレルギーや慢性疲労の人は、すでに体にストレスがかかった状態なので、HIITのようなハードな運動はおすすめしません。良質な睡眠を取るために、1日に8000歩を目安に歩けば十分です。

②見た目を引き締めたい場合

適度に体脂肪を落として、引き締まった体を手に入れたい場合は、生活の中の8割だけパレオダイエットのルールを守ればOK。ガイドラインは次のとおりです。

・食う

セットポイント修正プログラムの「レベル4」以上を実践しましょう。同時に、レベル3以上のプチ断食（8時間ダイエットなど）を組み合わせていくと、より効率的に体脂肪が落ちていきます。

・寝る

睡眠不足が続くと、体脂肪は一気に落ちなくなります。特にストレスホルモンが体脂肪の大敵なので、110ページのストレス対策を中心に行ってください。

・**動く**

「NEATの増やし方」（138ページ）のレベル4以上を実践してください。それでも体力に余裕があるようなら、さらに日中の歩数を増やしていくと、スピーディーに見た目が変わっていきます。

③健康な生活をキープしたい場合

そこまで見た目にはこだわらないが、生活習慣病の予防や健康診断の数値を改善したいという人は、生活の7割をパレオダイエットで過ごしてみてください。

・**食う**

セットポイント修正プログラムの「レベル3」以上を実践しましょう。プチ断食を行うかどうかは好みの問題ですが、レベル1の「お腹がすいてないときは食べない」だけは心がけてください。

・寝る

眠りにつく1時間前にスマホやPCを見ないのと、1日30分のウォーキングは最低でも行ってください。それでも改善が見られなければ、ブルーライト対策↓ストレス対策↓睡眠環境の整備↓刺激制限法の順番に取り組んでいきましょう。

・動く

生活習慣病を防ぐのが目的であれば、「NEATの増やし方」のレベル1以上を実践すれば十分。ここから、もう少し体力をつけたい場合は、週に1回だけHIITを行ってください。

目的に合わせたパレオダイエットのガイドラインは以上です。最後に、いまの私の1日のスケジュールを紹介します。

7：00　起床して水を500ml飲む。朝食は食べない

7：05　朝の瞑想（20～30分）

7:40　時速3kmで歩きながら仕事
12:00　500kcal分の軽食（ナッツ、ゆで卵、ブルーベリーなど）
13:00　時速3・5kmで歩きながら仕事
16:00　筋トレ&HIIT（152～160ページ参照）
19:00　1500kcal分の夕食
20:00　オレンジのサングラスを着用して仕事か読書（105ページ参照）
23:30　寝る前の瞑想（20～30分）
24:00　就寝

ポイントは、朝食を抜いて毎日16時間の絶食期間を作り、ひたすら歩きながら仕事をしている点。奇異な目で見られることも多いですが、いずれもデータにもとづき、明確な理由があって実践しています。

ただ、皆さんには、ここまでしろとはいいません。くり返しますが、慣れ親しんだライフスタイルを急激に変えてしまうのは失敗の元。自分がどうなりたいのかを明確に決めたうえで、ジワジワと改善していきましょう！

目的別、パレオダイエット実践ガイドライン

目的／項目	食う	寝る	動く
格的に体質改善を目指す	加工食品を完全にカット。セットポイント修正プログラムのレベル5以上、プチ断食のレベル1以上を実行	本書の快眠テクニックをすべて実行	HIITは基本。慢性疲労がある場合は、最低一日800歩のウォーキング
見た目を引き締めたい	セットポイント修正プログラムのレベル4以上プチ断食のレベル3以上を実行	ストレス対策を中心に実行	「NEATの増やし方」のレベル4以上を実行
普段の生活を健康的なものに変えたい	セットポイント修正プログラムのレベル3以上。プチ断食はレベル1	就寝前にスマホやPCを見ない。一日30分のウォーキング	「NEATの増やし方」のレベル1以上を実行

おわりに

パレオダイエットは、現代に生きる私たちが抱え込んだ矛盾を、科学的に解決していくための方法論です。

カロリーは足りているのに食欲は止まらず、長生きするようになったのに健康状態は悪くなり、たくさんの食べ物が手に入るのに栄養は足りず、娯楽にあふれているのに毎日が楽しくない……。

そんな問題を解決するために、狩猟採集民のライフスタイルから、良いところを取り入れていくわけです。

本書のメソッドを実践すれば、あなたは確実に野生の体を取り戻し、本来持つポテンシャルを最大限に引き出せるでしょう。

といっても、すべてのテクニックを完璧にこなす必要はありません。全体のおよそ7割をクリアするだけでも、十分に健康的な肉体は手に入ります。自分の心と体が少しずつバージョンアップしていくのを楽しみながら、ゲーム感覚で取り組んでみてください。

もちろん、ゲームをクリアしていく過程では、プレイヤーを悩ませるイベントが必ず発生します。体脂肪が落ちなくなったり、謎の疲れに襲われたり、急に仕事の効率が落ちてしまったり……。

そんなときは、「古代の環境ではどうだったのだろう？」「狩猟採集民だったらどうしていたのだろう？」と考えてみてください。パレオダイエットの考え方を、ゲームの攻略に必要なマップとして活用するのです。

あとは実践あるのみ。みなさんの内なる野生に幸あらんことを、強くお祈りしています。

2019年4月吉日

〝パレオな男〟鈴木 祐

参照

野生の体力を取り戻すパレオダイエット

1.Kerin O'dea"Marked Improvement in Carbohydrate and Lipid Metabolism in Diabetic Australian Aborigines After Temporary Reversion to Traditional Lifestyle"(1984)
2.Stephen J. D. O'Keefe,"Fat, fibre and cancer risk in African Americans and rural Africans"(2015)
3.Eric W Manheimer, et al. "Paleolithic nutrition for metabolic syndrome: systematic review and meta-analysis"(2015)
4.Cordain L, et al. "Origins and evolution of the Western diet: health implications for the 21st century."(2005)
5.Lindeberg S, et al. "Determinants of serum triglycerides and high-density lipoprotein cholesterol in traditional Trobriand Islanders: the Kitava Study."(2003)

Chapter1　食う

1.Johnston BC, et al. "Comparison of weight loss among named diet programs in overweight and obese adults: a meta-analysis."(2014)
2.Eva Winning Iepsen, et al. "Successful weight loss maintenance includes long-term increased meal responses of GLP-1 and PYY 3-36"(2016)
3.Kious, Brent M."Hunter-gatherer Nutrition and Its Implications for Modern Societies"(2002)
4.Dayton S, et al. "Composition of lipids in human serum and adipose tissue during prolonged feeding of a diet high in unsaturated fat."(1966)
5.Lippincott's Illustrated Reviews: Biochemistry 5th edition Chapter 26: Obesity
6.マイケル・モス「フードトラップ 食品に仕掛けられた至福の罠」
7.M Österdahl, et al. "Effects of a short-term intervention with a paleolithic diet in healthy volunteers"(2008)
8.Lindeberg S, et al. "A Palaeolithic diet improves glucose tolerance more than a Mediterranean-like diet in individuals with ischaemic heart disease."(2007)
9.Hashim SA, et al. "Studies in normal and obese subjects with a monitored food dispensing device."(1965)
10.Martin G. Myers, Jr.,"Obesity and Leptin Resistance: Distinguishing Cause from Effect"(2010)
11.Nakamura Y, et al. "Systematic review and meta-analysis reveals acutely elevated plasma cortisol following fasting but not less severe calorie restriction."(2016)
12.Epel EE, et al. "Stress-induced cortisol, mood, and fat distribution in men."(1999)
13.Jefferies WM"Cortisol and immunity."(1991)
14.Horne BD, et al. "Health effects of intermittent fasting: hormesis or harm? A systematic review."(2015)
15.Grant M. Tinsley, et al. "Effects of intermittent fasting on body composition and clinical health markers in humans"(2015)
16.Chia-Wei Cheng, et al. "Prolonged Fasting Reduces IGF-1/PKA to Promote Hematopoietic-Stem-Cell-Based Regeneration and Reverse Immunosuppression"(2015)
17.Emanuele E, et al."Can enhanced autophagy be associated with human longevity? Serum levels of the autophagy biomarker beclin-1 are increased in healthy centenarians."(2014)
18.Erica M. Schulte, et al. "Which Foods May Be Addictive? The Roles of Processing, Fat Content, and Glycemic Load"(2015)
19.A. K. Gosby et al."Protein leverage and energy intake"(2014)
20.Herman Pontzer, et al. "Hunter-Gatherer Energetics and Human Obesity"(2012)
21.ウェストン・A. プライス「食生活と身体の退化—先住民の伝統食と近代食その身体への驚くべき影響」
21.Leidy HJ."Increased dietary protein as a dietary strategy to prevent and/or treat obesity."(2014)

22.Rangel-Huerta OD, et al. "Omega-3 long-chain polyunsaturated fatty acids supplementation on inflammatory biomakers: a systematic review of randomised clinical trials."(2012)
23.Rizos EC, et al. "Association between omega-3 fatty acid supplementation and risk of major cardiovascular disease events: a systematic review and meta-analysis."(2012)
24.The International Agency for Research on Cancer "IARC Monographs evaluate consumption of red meat and processed meat"(2015)
25.Jia Wang, et al. "Cholesterol Supplement can Alleviate the Severity of Pulmonary Infection of Patients with Hypocholesterolemia"(2016)
26.Djoussé L, et al."Dietary cholesterol and coronary artery disease: a systematic review."(2009)
27.Mumme K, et al."Effects of medium-chain triglycerides on weight loss and body composition: a meta-analysis of randomized controlled trials."(2012)
28.Kuipers RS, et al. "Estimated macronutrient and fatty acid intakes from an East African Paleolithic diet."(2010)
29.Y. H. Hui"Principles and Issues in Nutrition"(1985)
30.Sinnett PF, et al. "Epidemiological studies in a total highland population, Tukisenta, New Guinea. Cardiovascular disease and relevant clinical, electrocardiographic, radiological and biochemical findings."(1973)
31.S. Alinia, et al."The potential association between fruit intake and body weight – a review"(2009)
32.Patrick E. McGovern, et al. "Neolithic resinated wine"(2009)
33.Mehlig K, et al. "CETP TaqIB genotype modifies the association between alcohol and coronary heart disease: the INTERGENE case-control study."(2014)
34.TIM STOCKWELL, et al. "Do "Moderate" Drinkers Have Reduced Mortality Risk? A Systematic Review and Meta-Analysis of Alcohol Consumption and All-Cause Mortality" (2016)
35.M.S Fernández-Pachón, et al. "Antioxidant activity of wines and relation with their polyphenolic composition"(2004)
36.Goldberg DM, et al. "Phenolic constituents, furans, and total antioxidant status of distilled spirits."(1999)
37.Shela Gorinstein, et al. "Comparative contents of some phenolics in beer, red and white wines"(2000)
38.You M, et al. "Role of adiponectin in the protective action of dietary saturated fat against alcoholic fatty liver in mice."(2005)
39.Ronis MJ, et al. "Dietary saturated fat reduces alcoholic hepatotoxicity in rats by altering fatty acid metabolism and membrane composition."(2004)
40.Celeste E. Naude"Low Carbohydrate versus Isoenergetic Balanced Diets for Reducing Weight and Cardiovascular Risk: A Systematic Review and Meta-Analysis"(2014)
41.Barbara O. Rennard, et al. "Chicken Soup Inhibits Neutrophil Chemotaxis In Vitro" (2000)
42.Sebastian Brandhorst, et al."A Periodic Diet that Mimics Fasting Promotes Multi-System Regeneration, Enhanced Cognitive Performance, and Healthspan"(2015)
43.Ari Fahrial Syam, et al. "Ramadan Fasting Decreases Body Fat but Not Protein Mass"(2015)
44.Krista A Varady, et al."Alternate day fasting for weight loss in normal weight and overweight subjects: a randomized controlled trial"(2013)
45.Van Proeyen K, et al. "Training in the fasted state facilitates re-activation of eEF2 activity during recovery from endurance exercise."(2010)
46.Van Proeyen K, et al. "Training in the fasted state improves glucose tolerance during fat-rich diet."(2010)
47.Sungsoo Cho, et al. "The Effect of Breakfast Type on Total Daily Energy Intake and Body Mass Index: Results from the Third National Health and Nutrition Examination Survey (NHANES III)"(2003)

48.Wyatt HR, et al. "Long-term weight loss and breakfast in subjects in the National Weight Control Registry."(2002)
49.Dhurandhar EJ, et al. "The effectiveness of breakfast recommendations on weight loss: a randomized controlled trial."(2014)
50.Stephan C Bischoff, et al. "Intestinal permeability – a new target for disease prevention and therapy"(2014)
51.Nadja B. Kristensen, et al. "Alterations in fecal microbiota composition by probiotic supplementation in healthy adults: a systematic review of randomized controlled trials"(2016)
52.http://jp.iherb.com/advanced-orthomolecular-research-aor-advanced-series-probiotic-3-natural-probiotic-formula-90-veggie-caps/43463
53.Loren Cordain. "The Nutritional Characteristics of a Contemporary Diet Based Upon Paleolithic Food Groups"(2002)

Chapter2　寝る

1.Gandhi Yetish, et al. "Natural Sleep and Its Seasonal Variations in Three Pre-industrial Societies"(2015)
2.M Kakizaki, et al. "Sleep duration and the risk of breast cancer: the Ohsaki Cohort Study"(2008)
3.Siobhan Banks, et al. "Behavioral and Physiological Consequences of Sleep Restriction"(2007)
4.Mostaghimi L"Prevalence of mood and sleep problems in chronic skin diseases: a pilot study."(2008)
5.Hasler G, et al. "The association between short sleep duration and obesity in young adults: a 13-year prospective study."(2004)
6.Daniel Kahneman, et al. "A Survey Method for Characterizing Daily Life Experience: The Day Reconstruction Method"(2004)
7.Vinod Venkatraman, et al. "Sleep Deprivation Biases the Neural Mechanisms Underlying Economic Preferences"(2011)
8.Figueiro MG, et al. "The impact of light from computer monitors on melatonin levels in college students."
9.Iain M. McIntyre, et al. "Human Melatonin Suppression by Light is Intensity Dependent"(2007)
10.Joshua J. Gooley, et al. "Exposure to Room Light before Bedtime Suppresses Melatonin Onset and Shortens Melatonin Duration in Humans"(2011)
11.Burkhart K, et al. "Amber lenses to block blue light and improve sleep: a randomized trial."(2009)
12.Stéphanie van der Lely, et al. "Blue Blocker Glasses as a Countermeasure for Alerting Effects of Evening Light-Emitting Diode Screen Exposure in Male Teenagers"(2015)
13.Harvard Health Letter"Blue light has a dark side"(2012)
14.Paul D. Loprinzi, et al. "Association between objectively-measured physical activity and sleep, NHANES 2005–2006"(2015)
15.Shelley S. Tworoger, et al. "Effects of a Yearlong Moderate-Intensity Exercise and a Stretching Intervention on Sleep Quality in Postmenopausal Women"(2003)
16.St-Onge MP, et al. "Fiber and Saturated Fat Are Associated with Sleep Arousals and Slow Wave Sleep."(2016)
17.Brown RP, et al. "Yoga breathing, meditation, and longevity."(2009)
18.Anand Dhruva, et al. "Yoga Breathing for Cancer Chemotherapy–Associated Symptoms and Quality of Life: Results of a Pilot Randomized Controlled Trial"(2011)
19.Daniel E. Lieberman"The Story of the Human Body: Evolution, Health, and Disease"(2013)
20.Buhr ED, et al. "Temperature as a universal resetting cue for mammalian circadian oscillators."(2010)

21.Ellis C, et al. “Pre-sleep behaviour in normal subjects.”(1995)
22.Melissa Dahl“Sleep Hack: Keep Your Feet Outside Your Covers”(2015)
23.Hume KI, et al. “Effects of environmental noise on sleep.”(2012)
24.Zhou J, et al. “Pink noise: effect on complexity synchronization of brain activity and sleep consolidation.”(2012)
25.Jesper J Alvarsson, et al. “Stress Recovery during Exposure to Nature Sound and Environmental Noise”(2013)
26.James M. Trauer, et al. “Cognitive Behavioral Therapy for Chronic Insomnia: A Systematic Review and Meta-analysis”(2016)
27.Nielsen FH, et al. “Magnesium supplementation improves indicators of low magnesium status and inflammatory stress in adults older than 51 years with poor quality sleep.”(2010)
28.Hurtuk A, et al. “Melatonin: can it stop the ringing?”(2011)
29.Kasper S, et al. “Silexan, an orally administered Lavandula oil preparation, is effective in the treatment of 'subsyndromal' anxiety disorder: a randomized, double-blind, placebo controlled trial.”(2010)
30.Cases J, et al. “Pilot trial of Melissa officinalis L. leaf extract in the treatment of volunteers suffering from mild-to-moderate anxiety disorders and sleep disturbances.”(2011)
31.Kentaro Inagawa, et al. “Subjective effects of glycine ingestion before bedtime on sleep quality”(2006)
32.Fernández-San-Martín MI, et al. “Effectiveness of Valerian on insomnia: a meta-analysis of randomized placebo-controlled trials.”(2010)

Chapter3　動く

1.L Crdine, et al. "Physical Activity Energy Expenditure and Fitness An Evolutionary Perspective"(1998)
2.O'Keefe JH, et al."Exercise like a hunter-gatherer: a prescription for organic physical fitness."(2011)
3.O'Keefe JH, et al."Organic fitness: physical activity consistent with our hunter-gatherer heritage."(2010)
4.Patrick O'Keeffe "The Importance of Nutrition"(2012)
5.Christopher M Lockwood, et al. "Minimal nutrition intervention with high-protein/low-carbohydrate and low-fat, nutrient-dense food supplement improves body composition and exercise benefits in overweight adults: A randomized controlled trial"(2008)
6.Chi Pang Wen,et al. “Minimum amount of physical activity for reduced mortality and extended life expectancy: a prospective cohort study”(2011)
7.Steven J Petruzzello, et al. “A Meta-Analysis on the Anxiety-Reducing Effects of Acute and Chronic Exercise”(1991)
8.Justy Reed, et al. “The effect of acute aerobic exercise on positive activated affect: A meta-analysis”(2006)
9.Verburgh L, et al. “Physical exercise and executive functions in preadolescent children, adolescents and young adults: a meta-analysis.”(2014)
10.Benito PJ, et al. “Change in weight and body composition in obese subjects following a hypocaloric diet plus different training programs or physical activity recommendations.”(2016)
11.John P Buckley, et al. “The sedentary office: a growing case for change towards better health and productivity. Expert statement commissioned by Public Health England and the Active Working Community Interest Company”(2015)
12.Katzmarzyk PT, et al."Sitting time and mortality from all causes, cardiovascular disease, and cancer."(2009)
13.Ranjana K. Mehta, et al."Standing Up for Learning: A Pilot Investigation on the Neurocognitive Benefits of Stand-Biased School Desks"(2015)

14.Mark E. Benden, et al. "The Evaluation of the Impact of a Stand-Biased Desk on Energy Expenditure and Physical Activity for Elementary School Students"(2014)
15.Cubiii(https://mycubii.com/)
16.Hanson S ,et al."Is there evidence that walking groups have health benefits? A systematic review and meta-analysis."(2015)
17.Ulf Ekelund ,et al."Physical activity and all-cause mortality across levels of overall and abdominal adiposity in European men and women: the European Prospective Investigation into Cancer and Nutrition Study (EPIC)"(2015)
18.Cadmus-Bertram L, et al. "Use of the Fitbit to Measure Adherence to a Physical Activity Intervention Among Overweight or Obese, Postmenopausal Women: Self-Monitoring Trajectory During 16 Weeks."(2015)
19.James A. Levine"Get Up!: Why Your Chair Is Killing You and What You Can Do About It "
20.Sliter M, et al. "Workout at work: laboratory test of psychological and performance outcomes of active workstations."(2014)
21.Glenn A. Gaesser, et al. "High-intensity interval training for health and fitness: can less be more?"(2013)
22.Daniel R Crabtree, et al. "The effects of high-intensity exercise on neural responses to images of food"(2013)
23.Kassia S Weston, et al. "High-intensity interval training in patients with lifestyle-induced cardiometabolic disease: a systematic review and meta-analysis"(2013)
24.Trapp EG, et al. "The effects of high-intensity intermittent exercise training on fat loss and fasting insulin levels of young women."(2008)
25.Vaughn W. Barry, et al. "Fitness vs. Fatness on All-Cause Mortality: A Meta-Analysis" (2014)
26.Janne Sandstad, et al. "The effects of high intensity interval training in women with rheumatic disease: a pilot study"(2015)
27.Yasumichi Arai, et al. "Inflammation, But Not Telomere Length, Predicts Successful Ageing at Extreme Old Age: A Longitudinal Study of Semi-supercentenarians"(2015)
28.Gliemann L, et al. "10-20-30 training increases performance and lowers blood pressure and VEGF in runners."(2016)
29.Gibala MJ, et al. "Twelve Weeks of Sprint Interval Training Improves Indices of Cardiometabolic Health Similar to Traditional Endurance Training despite a Five-Fold Lower Exercise Volume and Time Commitment."(2016)
30.Laurent, C. Matthew, et al. "Sex-Specific Responses to Self-Paced, High-Intensity Interval Training With Variable Recovery Periods"(2014)
31.Billat VL, et al. "Interval training at VO2max: effects on aerobic performance and overtraining markers."(1999)
32.Billat LV "Interval training for performance: a scientific and empirical practice. Special recommendations for middle- and long-distance running. Part I: aerobic interval training." (2001)
33.de Souza EO, et al. "Molecular adaptations to concurrent training."(2013)
34.Abbie E Smith, et al. "The effects of a pre-workout supplement containing caffeine, creatine, and amino acids during three weeks of high-intensity exercise on aerobic and anaerobic performance"(2010)
35.Candow DG, et al. "Effect Of Different Frequencies Of Creatine Supplementation On Muscle Size And Strength In Young Adults "(2011) Chilibeck PD, et al. "Effect of in-season creatine supplementation on body composition and performance in rugby union football players."(2007)
36.Glaister M, et al. "Creatine supplementation and multiple sprint running performance." (2006)
37.Acheson KJ, et al. "Metabolic effects of caffeine in humans: lipid oxidation or futile cycling?"(2004)
38.Blomstrand E, et al. "Administration of branched-chain amino acids during sustained

exercise--effects on performance and on plasma concentration of some amino acids."(1991)
39.O'Keefe JH, et al. "Achieving hunter-gatherer fitness in the 21(st) century: back to the future."(2010)
40.Doug McGuff"Body by Science: A Research Based Program to Get the Results You Want in 12 Minutes a Week"(2009)
41.Graves JE, et al. "Effect of training frequency and specificity on isometric lumbar extension strength."(1990)
42.Marshall PW, et al. "Strength and neuromuscular adaptation following one, four, and eight sets of high intensity resistance exercise in trained males."(2011)
43.Hoffman JR, et al. "Short-duration beta-alanine supplementation increases training volume and reduces subjective feelings of fatigue in college football players."(2008)
44.Murphy M, et al. "Whole beetroot consumption acutely improves running performance."(2012)
45.Kimball SR, et al. "Signaling pathways and molecular mechanisms through which branched-chain amino acids mediate translational control of protein synthesis."(2006)
46.Boirie Y, et al. "Slow and fast dietary proteins differently modulate postprandial protein accretion."(1997)
47.Cribb PJ, et al. "A creatine-protein-carbohydrate supplement enhances responses to resistance training."(2007)
48.MICHAEL GURVEN, et al. "Longevity Among Hunter-Gatherers:A Cross-Cultural Examination"(2007)

鈴木 祐

月間250万PVのアンチエイジングブログ「パレオな男」（http://yuchrszk.blogspot.co.jp/）管理人。あまりに不摂生な暮らしのせいで体を壊し、一念発起して13キロのダイエットに成功。その勢いでアンチエイジングにのめり込む。「120歳まで生きること」を目標に日々健康維持に励み、アンチエイジング、トレーニング、メンタルなど多岐にわたって高度な知見を発信している。NASM®公認パーソナルトレーナー。

鈴木 祐

月間250万PVのアンチエイジングブログ「パレオな男」(http://yuchrszk.blogspot.co.id/)管理人。「120歳まで生きること」を目標に、日々健康維持に励み、アンチエイジング、トレーニング、メンタルなど多岐にわたり高度な知見を発信している。NASM® 公認パーソナルトレーナー。メンタリストDaiGoとともに、ニコニコチャンネルにて月に1～2回「パレオチャンネル」(https://sp.ch.nicovideo.jp/paleo)を配信中

DTP制作　株式会社 スタジオダンク
イラスト　西アズナブル
編集　安英玉(扶桑社)

新装版
一生リバウンドしない パレオダイエットの教科書

発行日　2019年4月20日　初版第1刷発行
2021年3月10日　第6刷発行

著者　鈴木 祐
発行者　久保田榮一
発行所　株式会社 扶桑社
〒105-8070
東京都港区芝浦1-1-1　浜松町ビルディング
電話　03-6368-8875(編集)
03-6368-8891(郵便室)
www.fusosha.co.jp
印刷・製本　株式会社加藤文明社

※本書は、2016年11月に発行された同著を新装版として刊行したものです。

ISBN 978-4-594-08210-9